Malplaquet

Hilaire Belloc

Writat

Diese Ausgabe erschien im Jahr 2023

ISBN: 9789359256405

Herausgegeben von
Writat
E-Mail: info@writat.com

Inhalt

I
DIE POLITISCHE BEDEUTUNG VON MALPLAQUET

Die politische Bedeutung, die wir in der gesamten Militärgeschichte suchen müssen und ohne die diese Geschichte nicht einmal auf ihrer technischen Seite korrekt sein kann, kann für die Schlacht von Malplaquet wie folgt dargelegt werden.

Ludwig XIV. Er leitete eine vorsichtige und konstruktive Periode im nationalen Leben Frankreichs ein, die wiederum die lange Ohnmacht der Religionskriege ablöste, und fand auf seinen Befehl hin eine Gesellschaft, die nicht nur eifrig und geeint war, sondern auch begann, nach dem Ende seiner langen Minderheit zu streben Bringen Sie die Frucht hervor, die auf drei aktive Generationen von Diskussionen und Kämpfen zurückzuführen ist.

Jeder Bereich des nationalen Lebens zeigte eine außerordentliche Vitalität, und während sich der geordnete und daher überzeugende Plan der französischen Kultur Westeuropa aufdrängte, folgte in seinem Gefolge der Triumph der französischen Waffen; Mit diesem Triumph vollendete der König beinahe ein Reich, dessen Grenzen die des alten Galliens gewesen wären.

Es würde zu weit führen, auch nur allgemein die großen Probleme zu beschreiben, die von den nationalen Ambitionen Ludwigs XIV. und ihrem Erfolg oder Misserfolg abhängen.

In einem Aspekt steht er für die Aufrechterhaltung der katholischen Zivilisation gegen die separatistischen und auflösenden Kräfte des protestantischen Nordens; in einem anderen Fall ist er der ständige Gegner des Heiligen Römischen Reiches, oder besser gesagt des Hauses Österreich, das dort eine dauerhafte Hegemonie erlangt hatte. Ein extravagantes Urteil begreift seine großen Erfolge als Bedrohung für die unternehmerische Unabhängigkeit Europas oder – anders gesehen – als Chance für die Gründung einer echten europäischen Einheit.

Aber alle diese allgemeinen Überlegungen können für die Zwecke der Militärgeschichte im Lichte der endgültigen und entscheidenden Aktion betrachtet werden, die Ludwig XIV. durchführte. beschloss, als er im Jahr 1701 beschloss, die Ansprüche seines jungen Enkels auf den spanischen Thron zu unterstützen. Dies war es, was eine allgemeine Koalition gegen ihn hervorrief, und die auf diese Hauptentscheidung folgenden Maßnahmen zogen den entscheidenden Faktor Großbritannien in die Koalition ein.

Als die spanische Politik beschlossen wurde, bestand die Vormachtstellung der französischen Waffen in Europa bereits vierzig Jahre lang. Louis wurde alt. Die finanzielle Erschöpfung, die fast immer mit einer Generation hoher nationaler Aktivität einhergeht und die fast immer durch pompöse äußere Staatsgewalt verdeckt wird, war in der Lage Frankreichs bereits vorhanden, wenn auch noch unentdeckt.

Ende des Jahres 1701 hatte der französische König beschlossen, die beiden Kronen Frankreich und Spanien in seiner eigenen Familie zu vereinen. Seine Truppen besetzten die spanischen Niederlande, die wir heute Königreich Belgien nennen; andere seiner Armeen waren entlang des Rheins verteilt oder operierten in Norditalien – denn die Koalition machte sich sofort bemerkbar. Zwei geniale Männer schlossen sich in einer genauen Vereinbarung zusammen, wobei die Qualitäten des einen die Mängel des anderen ergänzten, um die Hauptarmeen anzuführen, die gegen die Franzosen operierten. Diese Männer waren Prinz Eugen von Savoyen (gebürtiger und ausgebildeter Franzose, ein freiwilliger Exilant und zeitlebens von der Entschlossenheit beseelt, sich an Ludwig XIV. zu rächen) und der Engländer John Churchill, Herzog von Marlborough.

Die Kombination eines solchen Paares war unwiderstehlich. Seine Früchte zeigten sich fast zu Beginn der neuen Situation im großen Sieg von Blenheim.

Diese im August 1704 ausgetragene Aktion war die erste große Niederlage, die die französischen Streitkräfte in dieser Generation hinnehmen mussten. Von nun an waren die von Versailles kommandierten Truppen gezwungen, in der Defensive zu bleiben.

Blenheim gelang ein Schlag nach dem anderen. 1706 bestätigte die große Schlacht von Ramillies, 1708 die vernichtende Schlacht bei Oudenarde , die Vormachtstellung der Alliierten und die Unterwerfung Frankreichs. Zu Beginn des Jahres 1709 wurden die endgültige Niederlage Ludwigs und seine Bereitschaft, um Frieden zu bitten, als selbstverständlich angesehen.

Die finanzielle Erschöpfung, von der ich sagte, dass sie bereits 1701 vorhanden war, wenn auch kaum vermutet, wurde 1709 immer schlimmer. Die gewöhnlichen Methoden der Rekrutierung für die französische Armee – die nominell natürlich auf freiwilliger Basis erfolgte – hatten längst ihre Grenzen erreicht und überschritten. Der Misserfolg der Ernte im Jahr 1708, gefolgt von einem Winter von schrecklicher Härte, hatte die Katastrophe vollendet, und mit dem darauffolgenden Frühling 1709 hatte Ludwig keine andere Wahl, als sich an die Verbündeten mit Bedingungen der Kapitulation zu wenden.

Es schien, als stünde endlich der Weg nach Paris offen. Die Streitkräfte der Alliierten in den Niederlanden waren nicht nur zahlenmäßig allen weit überlegen, die die erschöpften Franzosen ihnen nun entgegenstellen konnten, sondern sie waren auch in ihrer Ausrüstung, in ihren Vorräten, in der Ernährung der Männer und in jedem materiellen Detail auf einem Vorsprung Mann für Mann den entsprechenden Einheiten des Feindes völlig überlegen. Darüber hinaus hatten sie den unschätzbaren Prestigevorteil. Für sie schien der Sieg normal, für ihre Gegner eine Niederlage; und die Chancen der Koalition gegen Ludwig waren so überwältigend, dass ihre Führer mit Urteilsvermögen beschlossen, von diesem Monarchen die umfassendsten und demütigendsten Bedingungen zu fordern.

Obwohl verschiedene Teile der Alliierten hinsichtlich ihrer Ziele und Anforderungen unterschiedlicher Meinung waren, wurde an ihrem allgemeinen Ziel festgehalten, die Angriffsmacht Frankreichs vollständig zu zerstören , alle seine Eroberungen zurückzuerobern und insbesondere die Bourbonen vom Thron Spaniens zu vertreiben verbreitet und energisch verfolgt.

Marlborough war so aktiv wie jeder andere, wenn es darum ging, die Forderungen so weit wie möglich voranzutreiben; Eugen, die herrschenden Politiker der englischen, niederländischen und deutschen Fürsten waren sich einig.

Louis unternahm natürlich alle Anstrengungen, um den Schlag abzumildern, obwohl er die Annahme einer schweren und dauerhaften Demütigung als unvermeidlich ansah. Die Verhandlungen fanden in Den Haag statt und waren langwierig. Sie dauerten vom späten Frühjahr 1709 bis zum Beginn des Sommers. Der französische König war (wie seine Anweisungen an seine Unterhändler zeigen) bereit, jeden Punkt aufzugeben, obwohl er sich bemühte, nach jedem Zugeständnis um den Rest zu feilschen. Er würde die Grenzfestungen verlieren, die die Barriere seines Königreichs im Nordosten darstellten. Er würde sogar der Übergabe Spaniens an Österreich zustimmen.

wäre die zukünftige Geschichte unserer Zivilisation wesentlich anders ausgefallen als das, was sie geworden ist. Es ist anzunehmen, dass es zu einem völligen Zusammenbruch der Kräfte Frankreichs gekommen wäre; dass die Monarchie in Versailles sofort in solchen Verruf gesunken wäre, dass Frankreich im 18. Jahrhundert geteilt und möglicherweise Opfer eines Bürgerkriegs gewesen wäre, und man könnte sogar zu dem Schluss kommen, dass die großen Ereignisse ein Jahrhundert später, die Revolution und die Feldzüge Napoleons , hätte nicht aus einer so geschwächten Gesellschaft hervorgehen können.

Es geschah jedoch, dass eine dieser kleinen Fehleinschätzungen, die in der Geschichte ihre Hauptfolgen hervorbringen, die völlige Demütigung Ludwigs XIV. verhinderte. Die Forderungen der Verbündeten gingen in einer letzten Hinsicht gerade über die Grenze hinaus, deren Annahme sich für die besiegte Partei lohnte, denn vom alten König wurde nicht nur verlangt, dass er in jedem Punkt nachgab, nicht nur, dass er sollte die Ansprüche seines eigenen Enkels auf den Thron von Spanien aufgeben (den Thron hatte Ludwig nun nach acht Jahren kluger Verwaltung selbst auf einzigartige Weise gestärkt), sondern er selbst würde gegen diesen Enkel zu den Waffen greifen und in seiner gebührenden Schande kooperieren, indem er dabei half verdränge ihn davon. Es wurde festgelegt, dass Ludwig so handeln sollte (falls sein Enkel Widerstand zeigen und dennoch an seinem Thron festhalten sollte), in Gemeinschaft mit denen, die so viele Jahre lang seine erbitterten und erfolgreichen Feinde gewesen waren.

Dieser letzte kleine Punkt im Programm der Sieger veränderte alles. Es zerstörte im Bewusstsein Ludwigs und seiner Untertanen die Vorteile des schändlichen Friedens, zu dessen Annahme sie sich gezwungen geglaubt hatten; Und wie Ludwig selbst treffend formulierte: Wenn er dennoch gezwungen war, den Krieg weiterzuführen, war es besser, ihn nicht gegen seine Feinde zu führen, als gegen sein eigenes Haus.

Der König sandte an die Behörden seines Königreichs und an sein Volk einen Rundbrief, der bis heute ein Musterbeispiel für staatsmännische Anziehungskraft ist. Ernst, kurz und entschlossen drückte es genau die allgemeine Stimmung des Augenblicks aus. Es stieß auf begeisterte Resonanz. Die ausgelaugten ländlichen Gebiete schafften es gerade noch, die Armeen mit einer kleinen Menge Hafer und Roggen zu versorgen (denn Weizen war nicht zu bekommen). Rekruten erschienen in unerwarteter Zahl; Und obwohl niemand glauben konnte, dass die Angelegenheit anders als katastrophal sein könnte, wurde der Feldzug von 1709 von einer vereinten Nation unternommen.

Von einer französischen Offensive gegen die Übermacht ihrer Feinde konnte keine Rede sein. Villars, der die Armeen Ludwigs XIV. befehligte. An der nordöstlichen Grenze errichtete er im Gegensatz zu Marlborough und Eugene eine Verteidigungslinie, die aus Verschanzungen, überschwemmtem Land und der Nutzung vorhandener Wasserläufe bestand und von der Nachbarschaft von Douai nach Osten bis zur belgischen Grenze verlief. Hinter dieser Linie, mit seinem Hauptquartier in La Bassée [1] , HYPERLINK "https://gutenberg.org/files/32257/32257-h/32257-h.htm" \l "f1" wartete er auf den tödlichen Angriff.

Ende Juni zogen die großen Kräfte des Feindes ab. Ihre erste Aktion bestand nicht darin, in die Linie einzudringen, sondern darin, die Festungen rechts davon einzunehmen, wodurch die Verteidigung umgedreht werden könnte. Sie belagerten daher Tournai, die erste der beiden Festungen, die die rechte Seite der französischen Linie bewachten. (Mons war der Zweite.)

Hier zeigte der erste wesentliche Punkt des Feldzugs die Widerstandskraft, die Tradition und Disziplin in der französischen Armee noch aufrechterhielten. Der lange Widerstand von Tournai und seiner kleinen Garnison bestimmte weitgehend, was folgen sollte. Die Belagerung war in der Hoffnung auf ein schnelles Ende durchgeführt worden, was die Mangelhaftigkeit seiner Besatzung und die Unmöglichkeit seines Beistandes wahrscheinlich machten. Aber obwohl Marlborough am Abend des 27. Juni und Eugene am nächsten Tag, dem 28., sein Hauptquartier vor dem Ort errichtet hatten, wurden in der ersten Juliwoche Schützengräben geöffnet und die ersten schweren Kämpfe begannen am 8. Juni Obwohl die Stadt selbst nach vierzehntägigem Kampf besetzt war, ergab sich die Zitadelle erst am 3. September.

Dieser langwierige Widerstand bestimmte weitgehend, was folgen sollte. Solange es dauerte, konnten keine Maßnahmen gegen Villars ergriffen werden. Mittlerweile wurden die französischen Streitkräfte stärker, und vor allem waren die ersten Ergebnisse der Ernte spürbar.

Nach der Einnahme von Tournai war es die Aufgabe der Alliierten, so schnell wie möglich die französische Verteidigungslinie zu durchbrechen und mit dem Ziel Villars in die Schlacht zu ziehen und ihn zu besiegen.

Der für dieses Objekt gewählte Plan war wie folgt:

Die alliierte Armee marschierte ganz rechts von den Stellungen, die die Franzosen verteidigen konnten. Dort würden die Alliierten die kleine Garnison von Mons festhalten. Dorthin muss die Masse der französischen Streitkräfte marschieren, um den Vormarsch des Feindes auf Paris zu stoppen, und irgendwann in der Nähe von Mons könnte die gesamte Wucht der Alliierten auf sie fallen, sie vernichten und den Weg zur Hauptstadt frei machen.

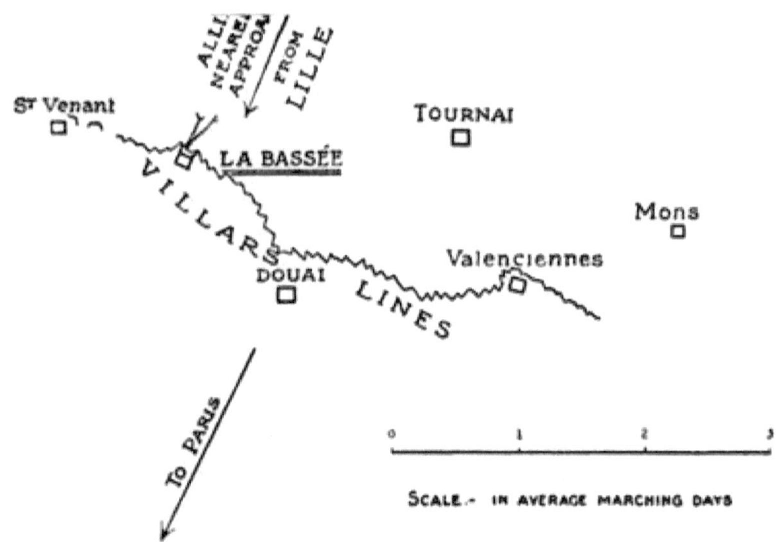

Skizzenkarte, die zeigt, wie die Linien von La Bassée den Vormarsch der
Alliierten auf Paris blockierten,
und Marlboroughs Plan, sie durch die sukzessive Eroberung von Tournai
und Mons umzukehren.

Der Plan war strategisch klug. Die eigentlichen Linien von La Bassée
konnten nicht durchbrochen werden, aber dieses rechte Ende der
französischen Stellungen wurde durch leichtes Land unterstützt; Die
Sümpfe, Kanäle und Schanzen der Hauptlinie im Norden und Westen
fehlten. Mit der Niederlage der zu diesem Zeitpunkt unterlegenen
französischen Streitkräfte wären alle Hindernisse für einen Vormarsch ins
Herz Frankreichs beseitigt.

Der Plan wurde ebenso schnell ausgeführt wie geschickt ausgearbeitet .
Tatsächlich vor der Kapitulation der Zitadelle von Tournai, aber als man
erkannte, dass diese Kapitulation nur eine Frage von Stunden sein konnte,
hatte Lord Orkney begonnen, in die Umgebung von Mons vorzudringen.
Am Tag der Kapitulation von Tournai war der Prinz von Hessen-Kassel
nach Mons aufgebrochen, Cadogan folgte ihm mit der Kavallerie. Weniger
als vierundzwanzig Stunden nachdem Tournai kapituliert hatte, war die
gesamte alliierte Armee die ganze Nacht über auf dem Marsch. Niemals
wurde eine militärische Operation mit einer genaueren Organisation oder
einem schnelleren Gehorsam durchgeführt. Drei Tage später war Mons
eingedämmt, und am Montag, dem 9. September, erwartete Villars, einige
Meilen westlich dieser Festung, den Angriff der Alliierten.

Es folgten zwei Tage Verzögerung, auf die später noch näher eingegangen
wird. Für diesen einleitenden Überblick über die politische Bedeutung der

Schlacht genügt es, das Datum Mittwoch, den 11. September 1709 festzulegen. Kurz vor acht Uhr am Morgen dieses Tages ertönte der erste Kanonenschuss der Schlacht von Malplaquet wurde gefeuert. Der zahlenmäßigen Überlegenheit der Verbündeten könnten die Franzosen eine Verschanzung und diesen Charakter am Ort des Kampfes oder „Gelände" entgegensetzen, was auf einer späteren Seite ausführlich beschrieben wird. Es war jedoch zweifelhaft, ob auf französischer Seite irgendein Faktor für die überlegene *Moral*, Ausrüstung und den Lebensunterhalt der Alliierten festgestellt werden konnte.

Eine unerwartete Begeisterung verlieh dem französischen Widerstand etwas; Die Verzögerung von zwei Tagen verlieh ihrer Verteidigungskraft etwas mehr. Wie wir in der Fortsetzung sehen werden, trugen auch bestimmte Fehler (insbesondere auf der linken Seite der Marlborough-Linie) zum Ergebnis bei, und der ganze Tag wurde mit einer Reihe von Angriffen und Gegenangriffen verbracht, die die französischen Streitkräfte intakt ließen und ihnen erlaubten am frühen Nachmittag auf die Erschöpfung des Feindes zu vertrauen und das Feld geordnet und ohne Verluste dem Feind zu überlassen.

Marlboroughs Sieg bei Malplaquet war sowohl ehrenhaft als auch großartig. Die Franzosen mussten sich zurückziehen; Die Alliierten besetzten am Abend der Schlacht das Gelände, auf dem der Kampf stattgefunden hatte. Mit Fug und Recht wird Malplaquet als die vierte jener großen erfolgreichen Taten gezählt, die den Namen Marlborough auszeichnen, und mit Fug und Recht gilt es als Abschluss einer Reihe, deren drei weitere Begriffe Blenheim, Ramillies und Oudenarde sind . So viel könnte ausreichen, wenn der Krieg darin bestünde, Punkte zu erzielen, wie man es in einem Spiel tut. Aber wenn wir den Krieg als allein betrachten, sollte er für die ernsten Zwecke der Geschichte betrachtet werden – das heißt in seinem politischen Aspekt; und wenn wir fragen, was Malplaquet in der politischen Abfolge der europäischen Ereignisse war, hat der Rückzug der Franzosen vom Feld am frühen Nachmittag des 11. September 1709 keine vergleichbare Bedeutung wie die Tatsache, dass die Alliierten ihn nicht verfolgen konnten.

Strategisch gesehen bedeutete der Sieg, dass eine Armee, die vernichtet werden sollte, sich intakt gehalten hatte; moralisch gesehen hinterließ die Schlacht bei den Besiegten mehr Hochgefühl als bei den Siegern; und aus diesem Grund fiel das Ergebnis viel besser zu ihren Gunsten aus , als erwartet worden war. Im Hinblick auf den allgemeinen Verlauf des Feldzugs war der Sieg der Alliierten bei Malplaquet ein ebenso sicheres Signal, dass der Vormarsch auf Paris nicht möglich war, und eine ebenso sichere Verhinderung dieses Vormarsches wie bei Marlborough und Eugene hatte keinen Erfolg, sondern eine Niederlage verbucht.

Situationen dieser Art, die Siege unfruchtbar oder sogar negativ machen, für den allgemeinen Leser paradox und in ihrem militärischen Aspekt einfach genug sind, gibt es in der Kriegsgeschichte zuhauf. Um die Militärgeschichte verständlich zu machen, ist es vielleicht wichtiger, sie zu erklären, als die Vorgänge und Abläufe der großen entscheidenden Aktion zu beschreiben.

Der „Block" von Malplaquet (um die in der französischen Geschichte übliche Metapher zu verwenden), die unerwartete Widerstandskraft, die diese letzte französische Armee an den Tag legte, und die moralische Wirkung dieses Widerstands auf die Verbündeten haben fast eine historische Bedeutung hoch wie das von Blenheim auf der anderen Seite. Es wurde mit Recht gesagt, dass man jede Schlacht gewinnen und dennoch einen Feldzug verlieren kann; In gewissem Sinne kann man sagen, dass man einen Wahlkampf gewinnen und als Ergebnis einen politischen Verlust erleiden kann.

Malplaquet war der Wendepunkt, nach dem klar war, dass der Niedergang der französischen Position in Europa nicht weitergehen würde. So wie Blenheim die Wende gegen Louis markiert hatte, so markierte Malplaquet die Flaute, als sich das Blatt zu seinen Gunsten wenden sollte . Nach Blenheim war klar, dass der Ehrgeiz Ludwigs XIV. wurde überprüft und es war wahrscheinlich, dass es völlig scheitern würde. Nach Malplaquet war es ebenso sicher, dass die völlige Zerstörung der Macht Ludwigs unmöglich war, dass das Projekt eines Marsches auf Paris möglicherweise aufgegeben werden würde und dass die letzten Phasen des großen Krieges die Chancen der Alliierten verringern würden.

Die Niederländer (deren Truppen insbesondere auf der linken Seite des Feldes vernichtet worden waren) behielten zwar ihre kompromisslose Haltung bei, jedoch nicht mehr mit der alten Erfolgsgewissheit; Auch Österreich und seine Verbündeten führten den Krieg fort, aber ein Krieg, der zur Kindlichkeit verdammt war, zu einer Art Pattsituation, die zwangsläufig in einem Kompromiss enden musste. Am bemerkenswertesten war die Wirkung der Schlacht jedoch in England.

In England, wo die Meinung neun Jahre zuvor nur zögerlich die Notwendigkeit eines Krieges anerkannt hatte und wo die Früchte dieses Krieges jetzt als völlig ausreichend für die Befriedigung der englischen Forderungen angesehen wurden, folgte dieser negativen Aktion keine größere Frucht als die Kapitulation von Die kleine Garnison in Mons begann mit der Agitation für den Frieden. Schauen Sie sich diese Aufregung bis ins kleinste Detail genau an, und persönliche Motive werden Sie verwirren; die Motive der Königin, von Harley, von Marlboroughs Feinden. Betrachten Sie es im allgemeinen Licht der nationalen Geschichte und Sie werden erkennen, dass der Winter nach Malplaquet , ein Winter der Ernüchterung und

Unzufriedenheit, in England eine Meinung hervorbrachte, die endlich den Frieden sicherte. Der Vorwurf gegen Marlborough, er habe den Kampf mit Blick auf seine gescheiterte politische Position geführt, ist wohl ungerecht. Der Vorwurf, er habe aus Blutgier dagegen gekämpft, ist sicherlich eine dumme Verleumdung. Aber die Unbeliebtheit eines so großen Mannes, der mit einem so beträchtlichen technischen Erfolg Erfolg hatte, beweist hinreichend, wie hoch der Preis für die Unfruchtbarkeit dieses Erfolgs in England eingeschätzt wurde. Es war die englische Regierung, die im folgenden Jahr erstmals geheime Friedensverhandlungen mit Ludwig aufnahm ; und als das große Instrument, das den Krieg beendete, 1713 in Utrecht unterzeichnet wurde, geschah dies, nachdem die englischen Truppen von ihren Verbündeten abgezogen worden waren, nachdem Eugène, der im Alleingang handelte, schwere Rückschläge erlitten hatte, und im Allgemeinen wurde der Frieden von Utrecht unterzeichnet Der Frieden wurde zu Bedingungen geschlossen, die für Ludwig weitaus günstiger waren als jeder 1709 in Den Haag unterzeichnete Frieden. Die spanischen Niederlande wurden an Österreich abgetreten, aber Frankreich behielt die noch immer belgische Grenze intakt. Sie bewahrte, was sie seitdem an der Rheingrenze verloren hatte, und (was am bemerkenswertesten ist!) Dem Enkel Ludwigs wurde gestattet, auf dem spanischen Thron zu bleiben.

Dies ist der allgemeine politische Hintergrund dieser heftigen Aktion, einer der entschlossensten, die es in der Geschichte der europäischen Rüstung gibt, und daher eine der zu Recht ruhmreichsten; eine, in der die Menschen am meisten bereit waren, im Ruf der Pflicht und unter dem Einfluss der Disziplin ihr Leben für die Verteidigung einer gemeinsamen Sache zu opfern ; und eine, die, wie es bei allen solchen Opfern der Fall sein muss, die Geschichte der verschiedenen betroffenen nationalen Traditionen beleuchtet, der Engländer wie der Niederländer, der deutschen Fürstentümer wie der Franzosen.

Keine Handlung beweist den historischen Wert von Tapferkeit besser .

II
DIE BELAGERUNG VON TOURNAI

Als die Friedensverhandlungen gescheitert waren, also mit Beginn des Juni 1709, hatten der König von Frankreich und seine Truppen vor allem eine Invasion des Landes und den Marsch auf Paris zu befürchten.

Die beigefügte Kartenskizze zeigt, welche Sorgen der französische Befehlshaber an der Nordostgrenze hatte.

Lille war in der Hand des Feindes. Es gab noch eine kleine französische Garnison in Ypern, eine weitere in Tournai und eine dritte in Mons. Diese allein (angesichts der Tatsache, dass Lille, die große Stadt, jetzt von den Alliierten besetzt war, und angesichts der Breite der Kluft zwischen Ypern und Tournai) konnten die Invasion und den Vormarsch auf die Hauptstadt nicht verhindern.

Es war notwendig, der Vormarschlinie, die die Topographie den Alliierten ins Herz Frankreichs vorgab, ein gewaltigeres Hindernis entgegenzusetzen.

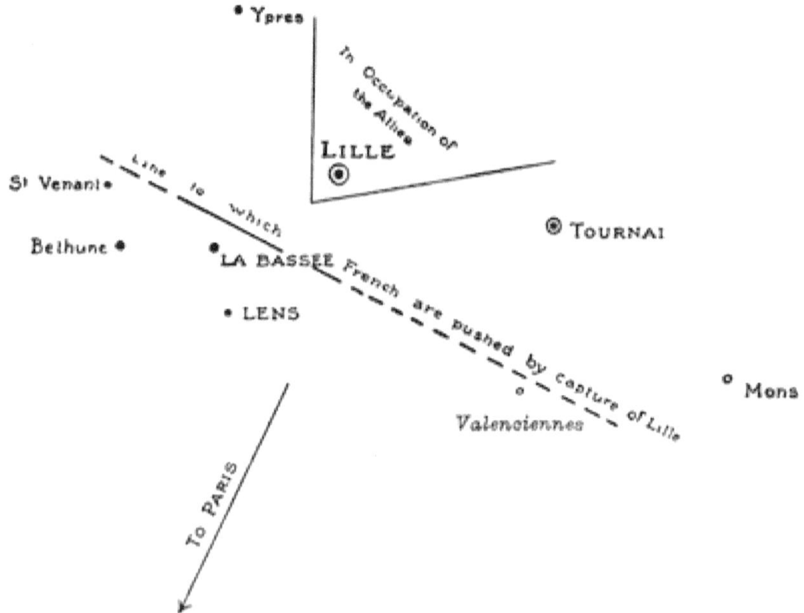

Skizzenkarte, die zeigt, wie die Alliierten, die Lille hielten, die Franzosen zurück
auf die Verteidigungslinie St. Venant -Valenciennes drängten und so die französischen Garnisonen von Ypern, Tournai und Mons abschnitten .

Es wurde tatsächlich eine gewisse Befürchtung geäußert, dass es zu einem Abstieg an der Küste und einem Vorstoß entlang des Somme-Tals kommen könnte. Die Angst war unbegründet. Den Truppentransport auf dem Seeweg zu organisieren , sie von Bord zu bringen, den enormen Vorrat an Proviant und Munition, den sie benötigen würden, zu transportieren und weiterzuführen, war weitaus weniger praktikabel als der Einsatz der großen Streitkräfte, die bereits unter Marlborough und Eugene in den Niederlanden aufgestellt waren . Wie groß diese Kräfte waren, werden wir gleich sehen.

Die Barriere, die Villars an der Spitze der französischen Streitkräfte errichtete und die in der Geschichte als „Die Linien von La Bassée " bekannt ist, ist also der erste Punkt, auf den wir unsere Aufmerksamkeit richten müssen, um den Feldzug zu verstehen von Malplaquet und warum diese Schlacht dort stattfand, wo sie stattfand.

Es war am 3. Juni, als Ludwig XIV. hatte an Villars geschrieben und ihm mitgeteilt, dass nun eine Wiederaufnahme des Krieges in Angriff genommen würde. Am 14. begann Villars, Erde aufzuwerfen, um zwischen dem sumpfigen Gelände von Hulluch und dem von Cuinchy ein verschanztes Lager zu errichten . Hier schlug er vor, die Masse seiner Streitkräfte zu konzentrieren, mit La Bassée direkt vor ihm und der Stadt Lens dahinter. Er nutzte die Wasserstraßen und das überschwemmte Gelände vor und rechts zur Bildung seiner Verteidigungslinien. Diese folgten dem oberen Tal des Deule , der Linie seines Kanals und stellten sich schließlich rechts am Fluss Scarpe ein. Obwohl die regelmäßig befestigte Linie nicht weiter als bis zum Lager in der Nähe von La Bassée reichte , errichtete er auch einige Verschanzungen vor Béthune und St. Venant , um einen etwaigen Marsch nach links zu decken, falls der Feind versuchen sollte, sich abzuwenden ihn in diese Richtung.

Es muss weiter angemerkt werden, dass von der Scarpe aus ostwärts die alten „Linien von La Trouille " verliefen, die in einem früheren Feldzug errichtet worden waren und jetzt weitgehend nutzlos sind, aber in gewisser Weise immer noch die Umgebung von Mons abdecken.

Gegen Ende des Monats Juni erwartete Villars den Vormarsch der Alliierten. Seine Streitkräfte waren denen seines Feindes um 40.000 Mann unterlegen. Er hatte nur acht Männer zu ihren zwölf. Die Jahreszeit unmittelbar vor der Ernte erschwerte die Verpflegung seiner Truppen außerordentlich, und erst am Tag vor dem letzten Angriff wurde erwartet, dass die für ihre Bezahlung und die anderen Zwecke der Armee erforderlichen Gelder ankamen ihn; Aber er hatte getan, was er konnte, und in Anlehnung an eine nationale Tradition, die so alt ist wie Rom, hatte er sich sehr klugerweise auf die Befestigung verlassen.

Die gleichen Bedingungen der Jahreszeit, die im französischen Lager so etwas wie eine Hungersnot auslösten, erschwerten auch die Versorgung ihrer riesigen Armee, obwohl sie das Lager der Alliierten nicht gleichermaßen stark belasteten.

Es war die erste Absicht von Marlborough und Eugene, die Linien sofort anzugreifen, sie zu zwingen und das Kommando von Villars zu zerstören. Aber diese Linien waren sorgfältig erkundet worden, insbesondere von Cadogan, der sich mit einer Gruppe englischer Offiziere und unter einer Verkleidung mit ihrer Stärke vertraut gemacht hatte. Es wurde daher im letzten Moment beschlossen, teilweise auch aufgrund der Befürchtungen der Holländer, für die der Besitz jeder Festung an der Grenze von größter Bedeutung war, nur eine „Finte" auf die Linien von Villars zu machen und die Kontrolle zu übernehmen Armee auf Tournai als ihr wahres Ziel. Die Finte nahm die Form an, dass Eugene in Richtung des linken oder westlichen Endes der Linie marschierte, Marlborough in Richtung des östlichen oder rechten Endes in der Nähe von Douai, und diese allgemeine Bewegung wurde in der Nacht vom 26. auf den 27. Juni durchgeführt . Mitten in der Ausführung wurde die Finte (die Villars zunächst täuschte) festgenommen.

Der 27. verlief bewegungslos, Villars weigerte sich, seine Schanzen zu verlassen, und die Kommandeure der Alliierten gaben keinen Hinweis auf ihre nächste Absicht. Aber am selben Tag war Tilly mit den Holländern vor Tournai erschienen. Am Abend des Tages stand Marlborough selbst vor der Stadt. Am 28. schloss sich Prinz Eugen sowohl den Holländern als auch Marlborough vor der Stadt an und bezog sein Hauptquartier in Froyennes , wobei Marlborough in Willemeau lag und die Holländer unter Tilly bereits östlich von Tournai von Antoing bis Constantin, direkt gegenüber von Eugene, ansässig waren. wo sie eine Brücke über die Schelde bauten. Am Abend des 28. war Tournai daher von allen Seiten besetzt, und die großen alliierten Armeen von 110.000 bis 120.000 Mann hatten jede Hoffnung aufgegeben, die Linien von Villars zu verteidigen, und hatten sich an die Eroberung der Grenzfestung gemacht. [2]

Die beigefügte Kartenskizze erleichtert das Verständnis dieser Belagerung von Tournai, die das Schicksal des Feldzugs von Malplaquet weitgehend bestimmte . Hier wird deutlich, dass Marlborough mit seinem Hauptquartier in Willemeau , Eugene mit seinem in Froyennes , die Niederländer unter Tilly in einem Halbkreis von Antoing bis Constantin die Anlage der Festung vollendeten und dass die bestehende Brücke bei Antoing , die die Niederländer befehligten, die Die von ihnen gebaute Brücke bei Constantin, die den Zugang über den Fluss nach Norden und Süden ermöglichte, vervollständigte den Kreis.

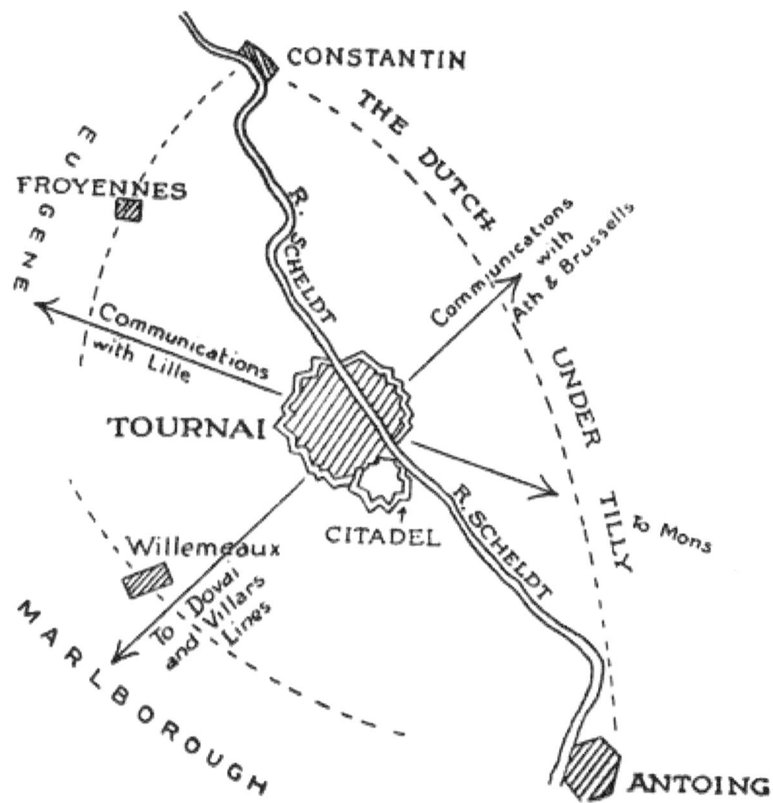

Skizzenkarte, die die vollständige Investition von Tournai zeigt.

Die Befestigungen von Tournai waren ausgezeichnet. Vauban hatte dieses Bauwerk persönlich überwacht, und der Aufbau der Befestigungsanlagen war aufgrund der Stärke der Zitadelle bemerkenswert, die südlich von der Stadt (wenn auch innerhalb ihres Erdwallrings) lag. Der Reisende kann in seiner Aufgabe noch immer diese enorme Leistung der Pioniere Ludwigs Hartnäckigkeit der kleinen Garnison, die sie dann verteidigt.

Zwei Faktoren in der Situation müssen vom Leser zunächst erkannt werden.

Das erste ist, dass die Unterlegenheit von Villars' Streitmacht es ihm unmöglich machte, mehr zu tun, als gegen die Beobachtungsarmee zu demonstrieren. Er war gezwungen, Tournai seinem Schicksal zu überlassen, und tatsächlich hatten der König in seinen ersten Anweisungen und Villars in seiner Antwort davon ausgegangen, dass entweder diese Stadt oder Ypern belagert werden und fallen müssten. Aber der Wert einer Festung hängt nicht von ihrer Unverletzlichkeit ab (mit der kann man nie rechnen), sondern von der Zeitspanne, während der sie standhalten kann, und in dieser Hinsicht sollte Tournai volles Maß geben.

Zweitens muss den Alliierten zugestanden werden, dass ihre unerwartet lange Aufgabe durch außergewöhnliche Wetterbedingungen behindert wurde. Es regnete ständig, und obwohl ihre Beherrschung der Schelde das Transportproblem in gewissem Maße verringerte, stellte der Regen auf den Straßen, über die die Alliierten ihre Vorräte transportierten, damals ein schweres Hindernis dar. Die Garnison von Tournai zählte dreizehneinhalb Bataillone, fünf Kompanien, die für die Artillerie erforderliche Anzahl an Kanonieren und ein paar irische Brigaden – insgesamt waren es, wenn man den derzeit erschöpften Zustand der französischen Einheiten mitrechnet, etwa sechs bis sieben Tausend Männer. Vielleicht, wenn man alle zur Garnison gehörenden Kombattanten und Nichtkombattanten mitzählt, ganze siebentausend Mann.

Das Kommando über diese Truppe stand unter Surville , im Rang eines Generalleutnants. Ravignon und Dolet waren seine Untergebenen. Für eine so kleine Streitmacht herrschte kein Mangel an Weizen. Rationiert reichte es für vier Monate. Es fehlte an Fleisch und, was angesichts der großen Zivilbevölkerung, die die kleine Garnison belastete, wichtig war, an Geld. Surville , der Bischof und andere schmolzen ihren Teller ein; sogar der Altar der Stadt wurde geopfert.

Der erste Graben wurde in der Nacht des 7. Juli geöffnet, und drei erste Angriffe wurden durchgeführt: einer am Tor namens Marvis, das nach Osten blickt, ein anderer am Tor von Valenciennes, der dritte am Tor, das als das der Sieben bekannt ist Federn. Ein Ausfall des zweiten davon war ziemlich erfolgreich, und nach diesem Modell dauerten die Operationen fünf Tage lang.

Bis zum Ende dieser Zeit waren hundert schwere Geschütze aus Gent die Schelde heraufgekommen, außerdem sechzig Mörser. Es wurden vier große Batterien gebildet. Das südlich gelegene Feuer eröffnete am 13. Juli das Feuer, und am 14. schlossen sich die drei anderen dem Feuer an.

Die Disziplin, die in den großen Lagern der Belagerer gewahrt wurde, war streng, und die Belagerten erlebten die ungewöhnliche Rekrutierung von fünfhundert bis sechshundert Deserteuren, die in ihre Linien eindrangen. Eine beträchtliche Anzahl von Deserteuren begab sich ebenfalls an die Linien von Villars, und die Operationen in diesen ersten Tagen waren so heftig, dass auf Seiten der Alliierten etwa viertausend Menschen getötet und verwundet wurden. Villars konnte unterdessen nur wirkungslos demonstrieren. Abgesehen von der Unterlegenheit seiner Streitkräfte war es ihm bis zur Ernte immer noch unmöglich, eine ausreichende Anhäufung von

Weizen zu erreichen, um eine Vorwärtsbewegung zu ermöglichen. Er verfügte nie über einen Vorrat an Brot für vier Tage und konnte es angesichts der Länge seiner Linie auch nicht auf einen Ort konzentrieren. Er ernährte sich Tag für Tag von Tröpfchen und lebte von der Hand in den Mund, während östlich von ihm die Belagerung von Tournai stattfand.

Diese Belagerung begann mit dem Ende des Monats, dem Ende ihrer ersten Phase.

Es war ein verzweifelter Kampf zwischen mir und mir gewesen, selbst wenn es um die allgemeine Umzingelung der Stadt ging, obwohl das Schlimmste natürlich kommen sollte, wenn die Zitadelle angegriffen werden sollte. Die gegen den Ort gerichteten Batterien waren auf einhundertzwölf schwere Geschütze und siebzig Mörser erhöht worden. In der Nacht des 24. Juli wurde der überdachte Weg rechts der Schelde unter schwerem Verlust eingenommen; 48 Stunden später der überdachte Weg auf der linken Seite zwischen dem Fluss und der Zitadelle. Die Hornarbeiten vor dem Tor der Sieben Quellen wurden am 27. durchgeführt, die isolierten Arbeiten zwischen diesem Punkt und dem Tor von Lille am folgenden Tag. Surville führte in seinem Bericht im wahren französischen Geist der Selbstkritik den Verlust dieser Vorwerke auf das schuldhafte Versagen ihrer Verteidiger zurück. Aber der Verlust, was auch immer seine Ursache war, bestimmte den Verlust der Stadt. Wenige Stunden später waren praktikable Breschen in die Mauern geschlagen, Wege über den Gräben zugeschüttet worden, und als ein Generalangriff unmittelbar bevorstand, forderte Surville am 28. Bedingungen. Die Kapitulation wurde am 29. unterzeichnet, und damit schickte der Kommandant einen Brief nach Versailles, in dem er seine Beweggründe für die Forderung von Bedingungen für die Zivilbevölkerung darlegte. Schließlich, am 30., [3] Surville zog sich mit 4000 Mann, dem Rest seiner ursprünglichen Streitmacht von 7000 Mann, in die Zitadelle zurück und bereitete sich dort auf einen möglichst langen Widerstand vor. Sein Glück entschied, dass er mit dieser kleinen Truppe ganze fünf Wochen durchhalten konnte.

Marlborough gebührt die Ehre der Kapitulation. Die Belagerungstruppen standen unter seinem Kommando, während Eugen die Beobachtungsarmee nach Westen dirigierte. Marlborough brachte unter Albemarle etwa achttausend Mann in die Stadt. Auf beiden Seiten wurde mündlich vereinbart, dass die Zitadelle weder auf den zivilen Teil schießen würde, noch würden die Alliierten von dort aus einen Angriff auf die Zitadelle durchführen, und die Belagerung dieser Festung begann am folgenden Tag, dem 21., gegen Abend. Die Operationen gegen die Zitadelle erwiesen sich für Marlboroughs Truppen als weitaus schwerwiegender und eine weitaus größere Herausforderung als die Operationen gegen die allgemeine Umgehung der Stadt. Der unterirdische Kampf zwischen Mine und

Gegenmine wirkte sich besonders auf die Moral der Alliierten aus, und nach einer Woche erschien der Vorschlag [4] , die aktiven Kämpfe einzustellen, die Belagerung in eine Blockade umzuwandeln und nur die geringe Anzahl an Männern ausreichen zu lassen eine solche Blockade vor der Zitadelle sollte bis zum 5. September belassen werden; bis zu diesem Datum, höchstens einen Monat im Voraus, glaubte man, dass die Garnison durchhalten könne. Louis war bereit, die Bedingungen unter der Bedingung zu akzeptieren, dass dieser Monat ein Monat des allgemeinen Waffenstillstands sein sollte. Die Alliierten lehnten diese Bedingung ab und die Feindseligkeiten wurden wieder aufgenommen. [5]

Die zur Eindämmung der Zitadelle und zur Durchführung ihrer Belagerung eingesetzte Streitmacht musste nicht unbedingt sehr groß sein.

Es war ein Krieg schrecklicher Art. Männer, denen man unter Tage in den Minen begegnete, verbrannten bei lebendigem Leibe, als diese gesprengt wurden, und waren bei der unterirdischen und gefährlichen Arbeit erschöpft, manchmal sogar zu Tode . Die Masse der Armee hatte die Freiheit, Villars und seine Hauptmacht zu bedrohen.

Aber die bewundernswerte Ingenieurskunst, die die Linien von La Bassée angewiesen und vervollständigt hatte , hielt den Verbündeten trotz zahlenmäßiger Überlegenheit und immer noch überlegener Versorgung noch immer Einhalt.

Die Auswirkungen der Ernte waren in der Tat gerade erst spürbar, und der französische General begann durch die allmähliche Auffüllung seiner Vorräte sozusagen etwas mehr Spielraum für die Disposition seiner Männer zu haben. Aber dennoch waren Marlborough und Eugene ihm in dieser Hinsicht weit überlegen.

Als die Belagerung der Zitadelle von Tournai etwas mehr als eine Woche dauerte, fiel am 8. August die Hauptmacht der Alliierten plötzlich über Marchiennes . Hier verteidigte der Fluss Scarpe die wichtigsten französischen Stellungen. Die Stadt selbst lag wie eine Bastion am jenseitigen Ufer. Der Angriff wurde unter Tilly durchgeführt, und im Einklang mit der Stärke aller Verteidigungspositionen von Villars scheiterte dieser Angriff. In der Nacht des 9. zog sich Tilly vor Marchiennes zurück , nachdem er nur wenige seiner Männer verloren hatte.

Obwohl diese Aktion nur ein Detail der Kampagne ist, ist sie durchaus erwähnenswert, da sie in einer Art Abschnitt sozusagen die Ursachen von Malplaquet darlegt .

Malplaquet wurde, wie wir gleich sehen werden, einfach deshalb gekämpft, weil es unmöglich war, die Linie von Villars zu durchbrechen, und Malplaquet war zwar ein Sieg, aber ein unfruchtbarer Sieg, der den Besiegten mehr nützte als den Siegern, weil die Verteidigung dies getan hatte über einen so langen Zeitraum aufrechterhalten werden konnte und sich sein Terrain selbst aussuchen konnte.

Nun wird dieser ganze Charakter des der Schlacht vorangehenden Feldzugs durch den Attentat auf Marchiennes am 8. und 9. August und dessen Scheitern veranschaulicht. Wäre dies gelungen, wäre die Linie durchbrochen worden, hätte es bei Malplaquet keine „Blockade" gegeben , sondern eine sofortige Invasion Frankreichs, so wie es auch bei der Durchbrechung der Linie beim ersten Versuch vor fünf Wochen der Fall gewesen wäre.

In der nächsten und der nächsten Woche baute Villars diese Linie kontinuierlich aus. Er führte es stetig hinauf bis nach St. Venant zu seiner Linken und bis nach Valenciennes zu seiner Rechten. Er verstärkte es fortwährend, so dass es an keinem Ort einer größeren Truppe von Männern bedarf, um es zu halten, und dass die Masse der Armee sich nach Belieben hinter dieser starken Schanze und dem Deich bewegen konnte, so sorgfältig sie auch befestigt war Überschwemmung und Nutzung zweier großer Flüsse.

Obwohl die Truppen der Alliierten erneut in der Nähe der Linien auftauchten, kam es zu keinem allgemeinen Angriff, doch am 30. August erfuhr Villars von Deserteuren und Spionen, dass die Zitadelle von Tournai am Ende ihrer Vorräte sei. Obwohl nur eine gewisse Minderheit der alliierten Armee nötig war, um diese Zitadelle einzudämmen, wären die gesamten alliierten Streitkräfte nach ihrem Fall doch viel freier zu handeln.

Am 31. August schlug Surville die Kapitulation vor, da er mit seiner Lebensmittelversorgung am Ende war . Zu einer Kapitulation kam es zunächst nicht. Marlborough bestand auf der vollständigen Kapitulation der Garnison; Surville antwortete mit der Drohung, den Ort zu zerstören. Erst am Morgen des 3. September wurde eine Kapitulation unterzeichnet, die besagte, dass die Offiziere und Soldaten der Garnison erst nach ihrem Austausch frei werden sollten, dem König zu dienen. Die Truppen sollten mit Waffen und Fahnen abmarschieren und eine sichere Eskorte durch die französischen Linien nach Douai erhalten. Sie erreichten die Stadt und das Lager am 4., und bald wurde ein Austausch der Gefangenen gegen ihre Anzahl durchgeführt .

So endete nach zwei Monaten die Belagerung von Tournai, ein Widerstand, der, wie der Leser bald sehen wird, alles, was folgte, bestimmte. Sechstausendvierhundert Mann hatten den Ort gehalten, als er erstmals belagert wurde. Von diesen waren 1709 (fast ein Drittel) getötet worden; ungefähr gleich viele wurden verwundet. Die Zahlen reichen aus, um den verzweifelten Charakter der Kämpfe zu veranschaulichen und zu zeigen, wie wertvoll diese Kriegsepisode auf beiden Seiten der daraus entstandenen Legenden war.

III

Das Manövrieren um die Position

Mit dem Ende der Belagerung von Tournai waren beide Armeen frei, die eine für den uneingeschränkten Angriff, die andere für die Verteidigung hinter den Linien, so gut sie konnte.

Nach der Erfahrung, die Eugene und Marlborough mit ihrer Stärke gemacht hatten, hielt man es zu Recht für unmöglich, zu irgendeinem Zeitpunkt einen Frontalangriff auf die Linien von Villars durchzuführen. Es wurde ein anderer Plan beschlossen. Mons mit seiner kleinen Garnison sollte besetzt werden, und die Masse der Armee sollte auf der äußersten rechten Seite der französischen Stellung versuchen, die alten Linien der Trouille zu durchbrechen und in Frankreich einzumarschieren.

Zeitgleich mit den ersten Verhandlungen über die Kapitulation der Zitadelle von Tournai wurde dieser neue Plan in Angriff genommen. Lord Orkney wurde mit den Grenadieren der Armee und zwischen 2000 und 3000 berittenen Männern auf den Marsch nach Südosten geschickt, gerade als die ersten Verhandlungen zwischen Marlborough und Surville eröffnet wurden. Mit dieser mobilen Streitmacht versuchten die Orkney-Inseln, den Haine bei St. Ghislain zu passieren . Er hätte diesen Punkt um ein Uhr der dunklen Septembernacht beinahe überrascht, aber die französischen Posten kamen gerade noch rechtzeitig. Er wurde zurückgeschlagen und musste den Fluss weiter oben auf der Ostseite von Mons, bei Havre, überqueren.

Der kleine Scheck war nicht ohne Bedeutung. Das bedeutete, dass es dem schnellen Vorwärtsmarsch seiner Vorhut nicht gelungen war, diese extreme Verlängerung der französischen Linie zu erzwingen, die nach dem Namen des kleinen Flusses, der bei Mons in die Haine mündet, „Die Linie der Trouille " genannt wurde . Der Erfolg der Verteidigung bei St. Ghislain führte zeitlich – und das ist das A und O in der Verteidigungskriegsführung – dazu, dass alle Aktionen der Alliierten um gut eine Woche verzögert wurden. Mittlerweile hatte sich das Wetter in anhaltenden und quälenden Regen verwandelt, und die alliierte Armee, die sich „durch ein Meer aus Schlamm" quälte, [6] hatte Mons erst am Abend des 7. September auf der Ostseite erobert. Am selben Tag nutzte Villars eine natürliche Besonderheit, die zu Verteidigungszwecken stärker war als die Linie der Trouille . Dieses Merkmal war der Waldgürtel, der südlich und etwas westlich von Mons zwischen dieser Stadt und Bavai liegt . Er verstärkte die Streitkräfte, die er an der Linie der Trouille hatte (die kleinen Posten, die, wie ich bereits sagte, den ersten Vormarsch auf Mons aufgehalten hatte), konzentrierte die gesamte Armee direkt hinter und westlich der Waldbarriere und beobachtete die beiden Lücken Von dieser Barriere, deren Bedeutung gleich erklärt wird, legte er am Morgen des Sonntags, dem 8. September, in einer Linie ab, die sich vom Fluss Haine bei Montreuil bis zur Brücke von Athis hinter den Wäldern erstreckte ; Er hielt auf seiner Rechten Wache, für den Fall, dass er die Linie plötzlich nach Süden verlegen musste, um einem Angriff zu begegnen. So wie Villars so lag, befand er sich in der Position eines Mannes, der durch eine von zwei Türen in einer Wand angegriffen werden konnte. Ein solcher Mann würde zwischen den beiden Türen stehen, beide überwachen und bereit sein, sich auf die Tür zu stürzen, die angegriffen werden könnte, und zu versuchen, sie zu verteidigen. Die Mauer war eine Holzwand, die beiden Türen waren die Öffnung bei Boussu und die andere schmale Öffnung, die durch den Namen Aulnois , dem Hauptdorf an ihrer Mündung, gekennzeichnet ist. Letzteres sollte sich auf dem Schlachtfeld beweisen.

All dies muss ich im Folgenden klarer und ausführlicher darlegen und diesen Abschnitt mit einer bloßen Darstellung des Positionsmanövers abschließen

.

Größeres Bild

Skizzenkarte, die die Waldlinien hinter Mons
mit den beiden Lücken von Boussu und Aulnois zeigt .

Villars lag, wie gesagt, mit seiner Rechten bei Athis und seiner Linken am Fluss Haine bei Montreuil. Marlborough konterte ihn, indem er den

Hauptteil seiner Streitkräfte über die Trouille brachte [7] , so dass sie von Quevy bis Quaregnon lagen .

Eugene brachte seine Hälfte hervor und stellte sie als Verlängerung der Linie des Herzogs von Marlborough auf, und am Abend des Sonntags und am Morgen des Montags, nachdem alle Truppen, die sich in Tournai befanden, inzwischen einberufen worden waren, wurden die Verbündeten Die Armee lag gegenüber der zweiten oder südlichen der beiden Öffnungen in der Waldmauer. Villars verlagerte sich im Laufe des Tages am Sonntag etwas nach links oder nach Süden, um sich der neuen Position seines Feindes zu stellen. An diesem Montagmorgen, dem 9. September, war klar, dass die Aktion, wenn sie erzwungen wurde, in der zweiten und südlichsten der beiden Lücken stattfinden würde. Am selben Montagmorgen brachte Villars seine gesamte Armee noch weiter nach Süden und befand sich nun direkt vor den Alliierten und bis auf die Lücke von Aulnois . Um zehn Uhr war das Zentrum der französischen Streitkräfte vor dem Weiler Malplaquet aufgestellt , gegen Mittag war es nicht ganz eine Meile vorwärts marschiert, erstreckte sich von Wald zu Wald und wartete auf den Angriff. Ein paar wirkungslose Kanonenschüsse wurden abgefeuert, aber der erwartete Angriff blieb aus. Zum großen Vorteil der Franzosen und zum unerklärlichen Schaden der Verbündeten verschwendeten Marlborough und Eugene den gesamten Montag und den gesamten darauffolgenden Dienstag. Das Ergebnis werden wir sehen, wenn wir zur Schlacht kommen, denn Villars nutzte jeden Moment seiner Atempause, um sich zu verschanzen und festigen ohne Unterlass.

Mit dem Aufmarsch der französischen Armee über die Lücke endet jedoch das Positionsmanövrieren , und unter dem Titel „Die Vorbereitungen der Schlacht" werde ich als Nächstes die Ankunft von Boufflers beschreiben – ein moralischer Vorteil, der nicht zu verachten ist Gelände, die französischen Verteidigungsanlagen und die volle Wirkung der unerwarteten Verzögerung seitens der Alliierten.

IV

DIE VORBEREITUNG DER SCHLACHT

Die Ankunft von Ludwig Franziskus, Herzog von Boufflers , Peer und Marschall von Frankreich, an der Grenze und vor der Verteidigungsarmee war einer dieser immateriellen Vorteile, die der zivile Historiker gerne übertreibt und die das Militär herabsetzt, die er aber dennoch herabsetzt Sie lassen sich nicht berechnen oder messen, können sich für eine Streitmacht immer als äußerst bedeutsam erweisen und haben manchmal über Sieg oder Niederlage entschieden. Dieser Vorteil lag nicht in Boufflers ' einzigartiger Befehlsfähigkeit, noch wurde ihm, wie gleich zu sehen sein wird, die oberste Leitung der folgenden Aktion anvertraut. Er war ein großartiger General. Der Dienst unter den Waffen hatte sein ganzes Leben und seine ganze Kraft in Anspruch genommen; er sollte in dem jeweiligen Bereich seiner Karriere einen hohen und würdigen Ruf genießen. Aber viel mehr als das: Der Zauber seines Namens und das gerechte Prestige, das mit der Integrität und Tapferkeit des Mannes verbunden war, gingen ihm mit einem spirituellen Einfluss entgegen, den jeder Soldat spürte und der die gesamte Verteidigungseinheit wiederbelebte . Seine Bilanz eignete sich besonders zur Bestätigung von Männern, die trotz aller Widrigkeiten, unter Enttäuschung, am Ende einer langen Serie von Niederlagen und auf einer letzten Linie kämpften, auf die die Nationalwaffen nach fünf Jahren fast ununterbrochenen Scheiterns zurückgedrängt worden waren .

Boufflers war zu diesem Zeitpunkt in seinem 66. Lebensjahr und schien älter zu sein. Sein meisterhaftes, markantes Gesicht, groß, direkt, humorvoll im Ausdruck, voller Befehlsgewalt, war ein Zeichen für ein Leben, das im Geschäft der Organisation , des Gehorsams und schließlich der höchsten Führung gelebt wurde. Seine Hartnäckigkeit unter dem Druck einer überlegenen Offensive hatte ihm vor Jahren in Namur den besonderen Charakter eingebracht, den er jetzt trug. Erst im Jahr zuvor hatte er sich bei der Belagerung von Lille entschlossen gewehrt, der Gewissheit der endgültigen Kapitulation zu trotzen, sich geweigert, den Ort aufzugeben, selbst nachdem er den Befehl seines Souveräns erhalten hatte, und schließlich durch seine unerschütterliche Entschlossenheit erreicht, eine Kapitulation der ehrenvollsten Art war allen noch frisch im Gedächtnis. Es gibt eine Geschichte, dass bei seiner Ankunft im französischen Lager der Jubel, mit dem er begrüßt wurde, die gegnerische Linie erreichte und dass die Alliierten durch die gewaltigen Gerüchte dazu bewegt wurden , einen sofortigen Angriff zu erwarten. Er war einer jener Anführer, die, teils durch ihre Legende, mehr durch ihre wahre Tugend, eine Art Flagge und Symbol für die Soldaten sind, die das Glück haben, ihr Kommando zu erhalten.

Er war neun Jahre älter als Villars, verfügte über weitaus bessere militärische Erfahrung und besaß im Rang wieder das Recht auf den Oberbefehl (denn er hatte den Rang eines Marschalls schon lange zuvor erhalten), war jedoch nichtsdestotrotz entschlossen, sich ganz Villars anzuschließen ' befahl er, denn er wusste, wie wichtig die Kontinuität der Richtung angesichts des Feindes war. Am Ende des letzten Feldzugs, als er Frieden erwartet hatte, hatte er sich ehrenhaft zurückgezogen. Sein Leben näherte sich seinem Ende; in zwei Jahren sollte er sterben. Er opferte sowohl den Anspruch als auch die Tatsache der Überlegenheit, die dem Kommandanten so am Herzen lagen, und erklärte Villars, dass er lediglich als Freiwilliger gekommen sei, um so gut er könne zu helfen und das Oberkommando im bevorstehenden Kampf zu unterstützen.

Er war am selben Tag in Arras angekommen, an dem Tournai kapituliert hatte. Am nächsten Morgen hatte er Villars' Hauptquartier in der Nähe von Douai, Sin le Noble, in der Mitte der Verteidigungslinie erreicht. Er hatte die östliche Bewegung der Masse der französischen Armee entlang dieser Linie bis zu ihrer jetzigen Niederlassung zwischen den beiden Wäldern und dem Gelände verfolgt, auf dem die Aktion entschieden werden würde. Bei dieser Aktion wurde er an die Spitze der Truppen auf der rechten Seite gestellt, während Villars, der sich insbesondere um die linke Seite kümmerte, das Oberkommando behielt und die gesamte Disposition der französischen Streitkräfte befahl.

Die Landschaft, die sich den französischen Kommandeuren bot, als am Montagmorgen ihre Linie aufgestellt wurde und die unmittelbare Schlacht erwartet wurde, hat sich in den zweihundert Jahren zwischen ihrer und unserer Zeit kaum verändert. Ich werde es beschreiben.

Vom Tal der Sambre (dieser große Fluss liegt einen Tagesmarsch südlich der französischen Position) steigt das Land in langen Rollen kahler Felder allmählich an. An der Spitze dieses Abhangs befindet sich ein typisches Wassereinzugsgebiet, ein Land, das typisch für Wassereinzugsgebiete in Land ist, das weder hügelig noch gebirgig ist; Kleine, träge Bäche, die beim Aufstieg zu bloßen Wassertropfen werden, zerschneiden den Lehm; und die Landschaft sieht aus wie eine Ebene, obwohl man sich an der Wasserscheide selbst in einer Höhe von 500 Fuß über dem Meer befindet. Ohne die Hilfe einer Karte ist es in der Tat schwierig zu entscheiden, wann man von der einen auf die andere Seite der Wasserscheide gelangt ist, und der eigentliche Gipfel ist zu dieser Jahreszeit ein verwirrtes, flaches Stück offenes Gelände Stoppelbrachen und hier und da raues, heidereiches, unbebautes Land. Über zwei oder drei Meilen in jede Richtung erstreckt sich diese Ebene, gewölbt durch leichte Wellen zwischen Bach und Bach, und auf der eigentlichen

Wasserscheide, die durch ein oder zwei stehende Teiche markiert ist. Sieben Meilen hinter Ihnen, während Sie auf dem Schlachtfeld stehen, liegt die kleine französische Marktstadt Bavai , die jahrhundertelang eines der großen Zentren der römischen Herrschaft war. Es war die Hauptstadt der Nervier. Sieben große römische Straßen führen noch heute von ihr ab: nach Reims, nach Köln, nach Utrecht, nach Amiens und zum Meer. Insbesondere zwei davon, die nach Trier und die nach Köln, die sich allmählich wie zwei benachbarte Finger einer Hand ausbreiten, sind die natürlichen Wege, auf denen eine Armee, die auf ein solches Feld vorrückt oder sich von dort zurückzieht, mit Bavai als Stützpunkt kommuniziert. [8]

Das herausragende Merkmal dieses Geländes ist nicht, dass es sich um den Gipfel einer Wasserscheide handelt; in der Tat, wie ich schon sagte, ohne eine Karte würde man nicht vermuten, dass sie dieses Zeichen trägt, und dem Auge präsentiert sie das Aussehen einer Ebene; Es ist vielmehr die symmetrische Anordnung als breiter Gürtel offenen Landes, der auf beiden Seiten im Norden und Süden von zwei großen Wäldern flankiert wird. Der Wald auf der rechten Seite ist als der Wald von Lanière bekannt , der auf der linken Seite trägt in seinen verschiedenen Teilen mehrere Namen und ist am einfachsten unter dem allgemeinen Titel „Der Wald von Sars“ zu merken. Die Lücke zwischen diesen beiden Wäldern verengt sich zu einer Linie, die genau 2000 Yards lang ist und von Nordwesten nach Südosten verläuft, wobei die beiden nächstgelegenen Punkte, an denen sich ein Wald dem anderen nähert, um diese Entfernung voneinander entfernt sind und zueinander führen der andere auf diesen Himmelsrichtungen. Die französische Armee, die auf offenem Land aufgestellt war und sich von Wald zu Wald erstreckte, richtete sich daher etwas nördlich nach Osten. Die Verbündeten, die anderthalb Meilen entfernt am breiten Anfang dieser Lücke aufgestellt waren, schienen etwas südwestlich zu sein. Hinter letzterem lag Mons im Tagesmarsch; hinter dem ersteren lag etwa sieben Meilen Bavai ; und die moderne Grenze sowie die natürliche topografische Grenze der Wasserscheide verlaufen direkt vor der damaligen Stellung der französischen Linie.

Auf der französischen Seite sind die kahlen Felder nur von ein paar Weilern geprägt, deren Haupt das kleine Dorf Malplaquet ist , ein paar Häuser entlang der heutigen Hauptstraße nach Brüssel. Teile der französischen Reserve waren in diesem Dorf stationiert, begleitet von einigen Artillerieabteilungen, aber die Felder davor waren für den Kampf völlig offen.

Auf der belgischen Seite erstreckte sich eine Reihe bedeutender Dörfer; Drei davon markierten von rechts nach links die Hauptposition der Alliierten. Ihre Namen von Norden nach Süden, also von der linken Seite der Verbündeten nach rechts, lauten Aulnois , Blaregnies und Sars. Die erste davon liegt direkt unter dem Wald von Lanière ; der zweite blickt auf die Lücke zwischen den

Wäldern; der dritte liegt hinter dem linken Wald, ist nach ihm benannt und wird, wie wir gesehen haben, der Wald von Sars genannt. [9]

Die Maßnahmen, die die französische Armee in einer solchen Verteidigungsposition ergreifen würde, waren offensichtlich. Es muss die Lücke durch Verschanzung verteidigen; Es musste erhebliche Kräfte in den Wald rechts und links der Lücke einbringen, um ein Umdrehen der Schanzen zu verhindern. Der Charakter von Villars und die französische Tradition, sich, wo immer möglich, auf die Erde zu verlassen, mussten, wenn Zeit gegeben war, die Verschanzung der offenen Kluft gewaltig machen. Die große Anzahl, die auf beiden Seiten kämpfte, ließ jedem Kommandanten eine beträchtliche Anzahl zur Verfügung, die der eine bei der Beherrschung der Wälder, der andere bei dem Versuch, sie zu erzwingen, einsetzen konnte; nicht viel mehr als die Hälfte der französischen Streitkräfte muss zur Verteidigung der offenen Lücke stehen. Diese Lücke war mit ihren kahlen Feldern nach der Ernte, dem Fehlen von Hecken und der Bedeutungslosigkeit der Bäche so geeignet für den Einsatz der Kavallerie, dass Tore oder Lücken in der französischen Verschanzung für den Einsatz dieser Waffe gelassen wurden Erlauben Sie den berittenen Männern, durchzugehen und anzugreifen, wenn sich die Notwendigkeit einer solchen Aktion ergibt. Im Allgemeinen müssen wir uns daher die französische Stellung als starke Schanzen vorstellen, die über die Lücke geworfen und mit Infanterie gesäumt sind, wobei die Kavallerie im Hintergrund aufgestellt ist, um, wenn es die Gelegenheit erfordert, durch die Schanzenlinie hindurch durch die Infanterie zu gehen und so anzugreifen; Die beiden Wälder auf beiden Seiten waren dicht mit Männern gefüllt, und die von diesen eingenommene Position wurde durch gefällte Baumstämme und Erdarbeiten verteidigt, die im dichten Unterholz nur schwer aufgeworfen werden konnten.

Es wäre die Aufgabe der Alliierten, zu versuchen, diese Linie zu erzwingen, indem sie entweder die zentralen Schanzen über die Lücke ziehen oder indem sie die linke französische Flanke im Wald von Sars oder die rechte französische Flanke im Wald von Lanière oder beides umkehren dieser Versuche zusammengenommen; denn es muss daran erinnert werden, dass die zahlenmäßige Überlegenheit der Alliierten ihnen die Wahl ihrer Handlungsweise ließ. Sollte entweder der linke oder der rechte Stand erzwungen werden, wäre die französische Linie umgedreht und die Vernichtung der Armee abgeschlossen. Sollte das Zentrum effektiv und rechtzeitig durchbohrt werden, würde die so abgetrennte nördliche Hälfte der Armee mit Sicherheit zerstört werden, da es keine wirksame Rückzugslinie gab; Die südliche Hälfte könnte in Richtung des Sambre-Tals fliehen oder auch nicht. In jedem Fall würde ein entscheidender Sieg die letzten französischen Verteidigungsanlagen zerstören und den Weg für einen fast ununterbrochenen Marsch auf Paris ebnen.

Dem Leser wird klar sein, was Villars' bekannte Methoden, seine Abhängigkeit von seinen Ingenieuren, die Tradition des französischen Dienstes in dieser Hinsicht, die geringere Zahl der französischen Streitkräfte und die offensichtlichen Notwendigkeiten der Position, Erdarbeiten, bewirken wäre ein entscheidender Faktor für das Ergebnis.

Nun ist der Wert einer Verschanzung eine Frage der Zeit, und bevor wir mit der Beschreibung der Aktion fortfahren, müssen wir, wenn wir ihr Ergebnis verstehen wollen, abwägen, welch großen Vorteil den Franzosen durch die Verzögerung des Angriffs der Alliierten verschafft wurde .

Wie ich bereits sagte, war es am Montagmorgen, dem 9. September, als die beiden Armeen einander gegenüber aufgestellt wurden, und es gibt keinen ersichtlichen Grund, warum der Angriff nicht an diesem Tag hätte durchgeführt werden sollen. Wäre es geliefert worden, können wir kaum daran zweifeln, dass eine entscheidende Niederlage der Franzosen zur Folge gehabt hätte, dass der Weg nach Paris frei gewesen wäre und dass der Untergang der französischen Monarchie unmittelbar darauf gefolgt wäre. So kam es an diesem Montag jedoch zu keinem Angriff. Der ganze Dienstag konnte bewegungslos vergehen. Erst am Mittwochmorgen zogen die Alliierten weiter.

Das Problem dieser Verzögerung muss der Historiker sorgfältig berücksichtigen, denn die Antwort darauf erklärt die Kargheit und das politische Scheitern, die mit dem Namen Malplaquet verbunden sind . Aber es ist eine Frage, die der Historiker nicht beantworten kann, wenn nicht tatsächlich weitere Dokumente ans Licht kommen. Alles, was wir jetzt wissen, ist, dass in einem Kriegsrat, der am Montag auf Seiten der Alliierten abgehalten wurde, es für gut und notwendig gehalten wurde, zu warten, bis alle Truppen aus Tournai eingetroffen wären (obwohl es nur wenige waren). 9.000 Mann zu entsenden, um die Brücke über den Haine bei St. Ghislain zu halten , um im Katastrophenfall den Rückzug zu sichern. [10]

Die englischen Historiker geben den Niederländern die Schuld, die Niederländer den Engländern und die Österreicher und Preußen geben beiden die Schuld.

Vielleicht hätte es zumindest am Dienstag einen Angriff gegeben, wenn Villars nicht den ganzen Montag und die ganze Montagnacht damit verbracht hätte, von seinen Männern die unerwartetsten Arbeiten beim Bau von Schanzen von beeindruckendster Art abzuverlangen. Marlborough und Eugene, die am Dienstag vor ihren Linien ausritten, um ihre Chancen einzuschätzen, waren erstaunt über die Arbeit, die in diesen vierundzwanzig

Stunden geleistet worden war. Neun Redans, d. h. durchbrochene Schanzen von besonderer Stärke, erstreckten sich über die Lücke bis auf etwa 600 Yards an den Wald von Lanière heran, und der Rest des Raums war eine durchgehende Verschanzungslinie. Was in den Wäldern geschehen war, ließ sich anhand einer solchen Untersuchung nicht beurteilen, aber man konnte es vermuten, und die Erzwingung dieser Maßnahmen wurde zu einem ganz anderen Problem, als es gewesen wäre, wenn am Montag ein Angriff stattgefunden hätte. Hinter dieser Hauptlinie entwarf Villars eine weitere und noch weitere Reihe von Erdarbeiten; Sogar Malplaquet selbst wurde mit der Reserve im Rücken verteidigt, und die Arbeit wurde auch die ganze Dienstagnacht hindurch ohne Unterbrechung mit Mannschaftsstaffeln fortgesetzt.

Als die Alliierten am Mittwochmorgen endlich zu ihrer verspäteten Einigung gekommen waren und beschlossen hatten, eine Aktion zu erzwingen, wurde ihre zahlenmäßige Überlegenheit, so wie sie war (und dieser umstrittene Punkt muss später besprochen werden), durch die Notwendigkeit völlig zunichte gemacht Sie treffen auf Festungen, die so gewaltig sind, dass man sie in der übertriebenen Formulierung eines Zeugen „eine Zitadelle" nennen kann.

Ein letzter Punkt muss erwähnt werden, bevor die Aktion selbst beschrieben wird: Die offene Lücke, über die das Zentrum der Alliierten vorrücken muss, um das französische Zentrum zu durchbrechen und die Schanzen einzunehmen , wurde von einem großen Wäldchen oder kleinen Wald, „The Wood" genannt, in zwei Teile geteilt von Tiry ." Es wurde nicht verteidigt, lag zu weit vor der französischen Linie und hatte keine große Bedeutung, abgesehen davon, dass es, wenn der Vormarsch der Alliierten gegen die französische Verteidigung beginnen sollte, zwangsläufig kanalisiert und von der Unterstützung abgeschnitten werden musste einen Moment ganz links von diesem Vorstoß durch den Kanal, der auf der Karte auf der anderen Seite mit A markiert ist. Wie man sehen wird, rückten die Holländer zu früh und mit zu großer Stärke durch diese enge Lücke vor, und der Widerstand, den sie erlitten hatten und der sich auf die Schlacht so stark auswirkte, wäre nicht annähernd so schwerwiegend gewesen, wenn das kleine Holz sie nicht abgeschnitten hätte von der Unterstützung des Zentrums .

V
DIE AKTION

Am Morgen des Mittwochs, dem 11. September, war die alliierte Armee lange vor Tagesanbruch im Einsatz und wurde bereits vor vier Uhr in Schlachtordnung aufgestellt. Aber ein dichter Nebel bedeckte den Boden, und es geschah nichts, bis sich dieser gegen halb sieben lichtete und es der Artillerie der gegnerischen Streitkräfte ermöglichte, die Reichweite abzuschätzen und das Feuer zu eröffnen. Um zu verstehen, was folgen sollte, kann der Leser sozusagen diese leere Zeit des frühen Morgens vor Beginn der Handlung nutzen , um die jeweiligen Positionen der beiden Gastgeber zu erfassen.

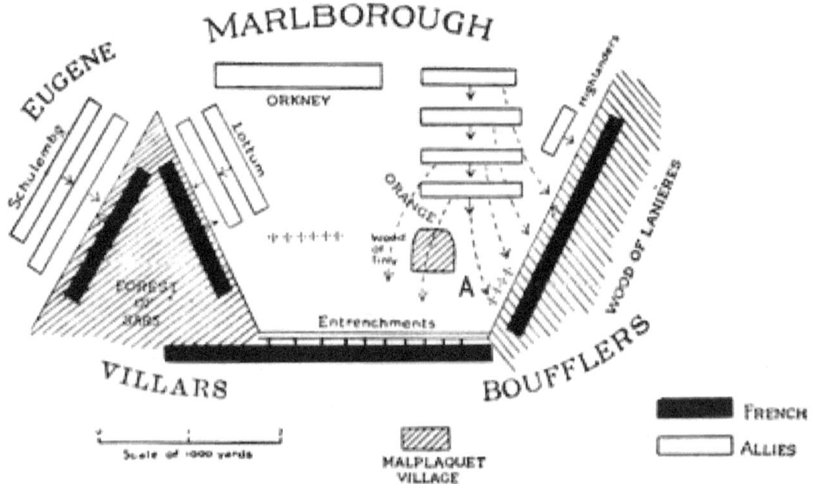

Die Elemente der Aktion von Malplaquet , 11. September 1709.

Die Beschaffenheit des Geländes wurde bereits beschrieben. Der Plan der Alliierten würde natürlich darin bestehen, beide Wälder, die die französische Flanke bedeckten, und, während der Druck auf diese am stärksten war, das verschanzte und befestigte Zentrum zu erobern . Selbstverständlich wäre es nicht nötig, den zentralen Angriff fortzusetzen, wenn einer der Hölzer gezwungen würde, bevor das französische Zentrum brechen sollte, da dann die eine oder andere französische Flanke umgedreht würde. Aber der Wald war zu diesem Zeitpunkt schon so gut geschmückt und so stark von umgestürzten Baumstämmen und solchen Verschanzungen gesäumt, wie es das Unterholz zuließ, dass es sowohl Eugene als auch Marlborough wahrscheinlicher schien, dass die Mitte erzwungen werden sollte, als dass einer von beiden dies zuließe Zuerst sollten die Flanken umgedreht werden, und der allgemeine Plan der Schlacht hing eher von der Verteidigung und dem schweren Kampf der Streitkräfte in den beiden Wäldern im Norden und Süden ab als von der Hoffnung, sie zu vertreiben, und der endgültige Erfolg wurde eher erwartet Nehmen Sie die Form an, indem Sie die Mittellinie durchbohren, während die Flanken auf diese Weise festgehalten und in Eingriff gebracht werden. Der dürftige Ausgang des Gefechts veranlasste die Kommandeure der Alliierten natürlich dazu, sich zu entschuldigen, und der eigentümliche Misserfolg ihrer Linken gegen die französische Rechte, auf den wir gleich näher eingehen werden, gab Anlass zu der These, dass nur ein „ „Finte" war in diesem Viertel vorgesehen. Die These kann ohne weiteres verworfen werden. Die Linke sollte genauso ernsthafte Arbeit leisten wie die Rechte. Die Theorie, dass es sich um eine „Finte" handeln sollte, wurde erst nach der Aktion aufgestellt, um deren unvollständige Ergebnisse zu erklären. [11]

Auf französischer Seite war der Plan rein defensiv, da ihre Unterzahl und ihre Abhängigkeit von Erdarbeiten dies erforderten und bewiesen. Es war Villars' Plan, jeden Teil seiner Linie mit einer seiner Stärke entsprechenden Kraft zu halten; die Wälder etwas schwerer auszustatten als die Schanzen der offenen Schlucht, sich aber überall auf die Standhaftigkeit seiner Infanterie und deren künstlichen Schutz bei der Abwehr des Angriffs zu verlassen. Seine Kavallerie stellte er hinter dieser langen Infanterie- Verteidigungslinie auf , bereit, wie bereits gesagt, durch Lücken anzugreifen, wann immer ein solches Vorgehen ihrerseits wirksam erscheinen würde.

Man erkennt, dass der Plan auf beiden Seiten sehr einfach und leicht zu verstehen war. Auf Seiten der Alliierten war es kaum mehr als ein „Hammer- und-Zange"-Angriff auf eine schwierige und gut bewachte Stellung; auf der Seite der Franzosen kaum mehr als eine Verteidigung derselben.

Als nächstes muss die Art der Truppen beschrieben werden, die in den verschiedenen Teilen des Feldes eingesetzt werden.

Auf der Seite der Verbündeten haben wir: –

Zu ihrer Linken, also südlich ihrer Linien und gegenüber dem Wald von Lanière , befand sich ein Drittel der Armee unter dem Prinzen von Oranien. Der Großteil dieser Truppe bestand aus niederländischen Truppen, von denen einunddreißig Bataillone Infanterie anwesend waren, und hinter der so unter dem niederländischen Befehlshaber aufgestellten Infanterie befand sich seine Kavallerie, die angewiesen wurde, sich während des Angriffs der Infanterie auf die Niederlande außerhalb der Reichweite zu halten Holz, und es aufzuladen und zu vervollständigen, wenn es erfolgreich sein sollte. Unter diesen Truppen dürfte dem britischen Leser ein Korps von Highlandern auffallen, die sogenannte Schottische Brigade. [12] Diese gehörten nicht zur britischen Armee, sondern wurden speziell in den niederländischen Dienst eingezogen. Die Kavallerie dieses linken Flügels stand unter dem

Kommando des Prinzen von Hessen-Kassel, der vor einigen Seiten im Vormarsch auf Mons erwähnt wurde. Es zählte etwas über 10.000 Säbel .

Das andere Ende der alliierten Stellung bestand aus zwei großen Infanterietruppen, die getrennt und auf folgende Weise agierten:

Erstens eine Streitmacht unter Schulemberg , die den hervorstehenden Winkel des Waldes von Sars an seiner Nordseite angriff, und eine weitere Truppe, die die andere Seite desselben Winkels, nämlich seine Ostseite, angriff. In der ersten dieser großen Massen, unter Schulemberg, gab es keine englischen Truppen. Allein die Stärke belief sich auf fast 20.000 Mann. Der zweite Teil, der die Ostflanke angreifen sollte, wurde von Lottum befehligt , war nur etwa halb so stark und enthielt einen gewissen geringen Anteil an Engländern.

Man könnte sich fragen, was nach der Beseitigung dieser beiden großen Körperschaften der Linken und der Rechten (die sich jeweils mit einem der beiden Wälder vor der Lücke befassen sollten) übrigblieb, um das Zentrum der Alliierten zu bilden ? Darauf muss die merkwürdige Antwort gegeben werden, dass in den Vereinbarungen der Alliierten bei Malplaquet kein wahres Zentrum existierte. Die Schlacht muss von ihrer Seite als eine Schlacht angesehen werden, die von zwei isolierten Flügeln, dem linken und dem rechten Flügel, ausgetragen wurde und in einem zentralen Angriff endete, der aus Männern beider Flügel bestand. Wenn auf der folgenden Kartenskizze der Abschnitt von A nach B als Sonderprovinz des niederländischen oder linken Flügels und der Abschnitt von C nach D als Sonderprovinz des österreichisch-preußischen oder rechten Flügels betrachtet wird, dann ist die Mitte -Abschnitt zwischen B und C weist keine entsprechende große Truppenmasse auf. Als es an der Zeit war, in diesem Mittelabschnitt zu agieren, wurden die für die Arbeit erforderlichen Truppen von beiden Enden der Linie abgezogen. Es gab jedoch zwei Elemente im Zusammenhang mit diesem Mittelteil, die berücksichtigt werden müssen.

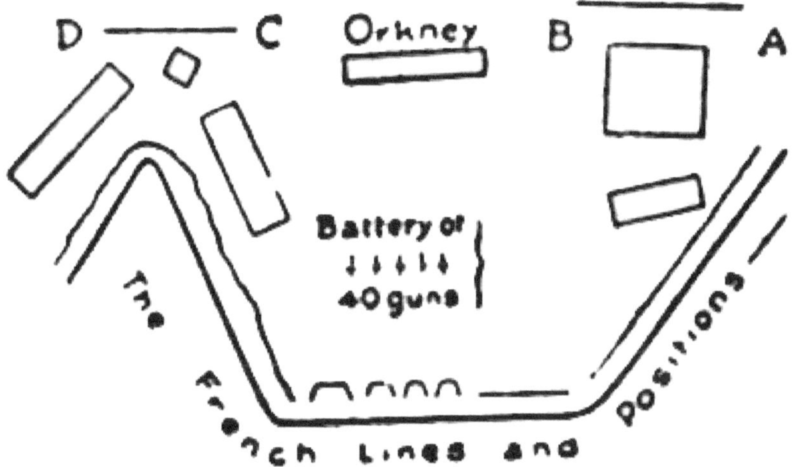

Erstens eine große Batterie von vierzig Geschützen, die jederzeit bereit ist, einen Angriff auf die Schanzen der Lücke zu unterstützen; und zweitens waren weit im Hintergrund etwa 6000 britische Truppen unter Lord Orkney verteilt und verbanden die massierte rechte Seite der Armee mit ihrer massierten linken Seite. Ein weiteres Korps muss erwähnt werden. Ganz getrennt vom Rest der Armee und direkt links auf der *französischen Seite* des Waldes von Sars befand sich das kleine isolierte Korps unter Withers, das den französischen Rücken in der Nähe der Gruppe von Gehöften namens La Folie halten und in Bedrängnis bringen sollte , und als der Wald von Sars erobert wurde, sollte er sich dem erfolgreichen Angriff der Preußen und Österreicher anschließen, die ihn hätten erzwingen sollen.

Lottum (obwohl sie taktisch Teil des rechten Flügels waren) , lag beim Herzog von Marlborough. Das Kommando über die rechte Seite, also Schulemberg und die Kavallerie hinter ihm, lag bei Prinz Eugen.

Die französische Verteidigungslinie ist aufgrund ihrer Einfachheit recht einfach zu beschreiben. Im Wald von Lanière und auf dem offenen Gelände direkt davor, bis zu den Feldern vor dem Dorf Malplaquet , befanden sich die Truppen unter dem Kommando des französischen Generals D'Artagnan . Zu den Regimentern, die diesen Teil hielten, gehörten das der Bourbonnais, die berühmte Brigade von Navarra (die beste im Dienst) und einige Schweizer Söldner. Der letzte Teil dieser Truppe auf der linken Seite wurde von der französischen Garde gebildet. Die Schanzen in der Mitte wurden von den irischen Brigaden Lee und O'Brien sowie den deutschen Söldnern und Verbündeten Bayern und Köln gehalten. Diese bewachten die Redans, die den linken oder nördlichen Teil der offenen Lücke verteidigten. Der Rest dieser Lücke, bis zum Wald von Sars, wurde von Elsässern und der Brigade von Laon gehalten, und der Oberbefehl in diesem Teil lag bei Steckenberg .

Der Wald von Sars war voll von französischen Truppen, aus der Picardie, den Marines, dem Regiment der Champagne und vielen anderen, mit einer starken Reserve ähnlicher Truppen direkt hinter dem Wald. Die Kavallerie der Armee bildete eine lange Linie hinter diesem verschanzten Infanterietrupp; die Hauskavallerie befand sich rechts in der Nähe des Waldes von Lanière , die Gens d'Armes befanden sich in der Mitte und die Carabiniers auf der linken Seite. Letztere erstreckten sich so weit nach Norden und Westen, dass sie schließlich Withers gegenüberstanden.

Dies war die Stimmung der beiden Armeen, als um halb sieben die Sonne durch den Nebel drang und die ersten Kanonenschüsse abgefeuert wurden. Marlborough und Eugene hatten beschlossen, zunächst den Angriff auf den Wald von Sars mit aller Härte voranzutreiben. Wenn dieser Angriff eine halbe Stunde hätte dauern sollen, sollte das andere Ende der Linie, die Linke, unter dem Prinzen von Oranien [13] die französischen Truppen angreifen, die den Wald von Lanière hielten . Es wurde erwartet, dass der Wald von Sars zu Beginn der Aktion zerstört werden würde; dass die Truppen im Wald von Lanière zumindest durch den Angriff des Prinzen von Oranien festgehalten werden würden und dass das geschwächte französische Zentrum dann durch den Einsatz der Reserven, der Orkney-Männer und der gezogenen Abteilungen angegriffen werden könnte von den beiden großen Massen auf den Flügeln.

Der Leser mag hier innehalten, um die Vortrefflichkeit dieses Plans zu betrachten – höchstwahrscheinlich Marlboroughs eigener und dessen vergleichsweise schlechter Erfolg auf die unerwartete Widerstandskraft zurückzuführen war, die die französische Infanterie an diesem Tag an den Tag legte.

Es war klug, den größten Teil der Streitmacht in einen Doppelangriff auf den Wald von Sars zu schicken, denn dieser Wald mit seinen dichten Wäldern und schweren Schanzen war gleichzeitig der stärkste Teil der französischen Stellung in seiner Garnierung und künstlichen Verstärkung. dennoch schwach, da der hervorstehende Winkel, den er bot, aufgrund der Dicke der Bäume nicht von einem zentralen Punkt aus beobachtet werden konnte, wie dies bei dem hervorstehenden Winkel einer Festung der Fall ist. Lottum auf der einen und Schulemberg auf der anderen Seite waren angreifende Kräfte, die zahlenmäßig schwächer waren als ihre eigenen, und getrennte Fronten, die sich unter dem Druck des Angriffs nicht gegenseitig unterstützen konnten.

Es war klug, die Truppen auf der französischen Seite gegenüber den Alliierten im Wald von Lanière anzugreifen, eine halbe Stunde nachdem der Angriff auf den Wald von Sars begonnen hatte, denn es war berechtigt zu erwarten, dass am Ende dieser halben Stunde der Druck nachlassen würde Die Franzosen würden einen Angriff auf den Wald von Sars zu spüren bekommen und dass sie Truppen von rechts herbeirufen würden, es sei denn, die rechte Seite sei in diesem Moment stark besetzt.

Zentrum nicht mit einem großen Truppenteil zu belasten, bis eine der beiden Flanken bedrängt oder gebrochen wurde, denn das Zentrum könnte in diesem Fall mit einem Trichter verglichen werden, in dem sich ein zu großes Truppenteil befindet wären im Nachteil gegenüber den starken Verschanzungen, die die Mündung des Trichters verschließen. Es ist eine historische Diskussion über die wahre Rolle der Linken in diesem Plan entstanden . Der Befehlshaber der Alliierten gab *nach der Aktion (wie wir oben gesehen haben)* heraus , dass die Linke nur „finten" wollte. Die bessere Schlussfolgerung ist, dass sie ihr Schlimmstes gegen den Wald von Lanière anrichten sollten , obwohl dieses „Schlimmste" natürlich nicht mit dem grundlegenden Angriff auf den Wald von Sars zu vergleichen war, wo sich alle Hauptstreitkräfte der Schlacht befanden konzentriert.

Wenn mit einer „Finte" ein untergeordneter Teil des allgemeinen Plans gemeint ist, könnte der Ausdruck zulässig sein, aber es handelt sich nicht um eine legitime Verwendung dieses Ausdrucks, und wenn, wie es bei Malplaquet bei den niederländischen Truppen der Fall war, ein untergeordnetes Organ gemeint ist Im allgemeinen Plan schlecht kommandiert, darf der genaue Historiker der Versuchung, die ursprüngliche Bewegung eine „Finte" zu nennen, die sich aus einem Befehlsbruch zu einem echten Angriff entwickelte, obwohl er für die enttäuschten Kommandeure stark war, nicht nachgeben. Im Allgemeinen können wir sicher sein, dass die niederländischen Truppen und ihre Nachbarn auf der linken Seite der Alliierten alles tun wollten, was sie konnten, gegen den Wald von Lanière , dass sie alles taten, was sie konnten, aber dabei viel mehr erlitten, als Marlborough zugestanden hatte .

Sobald wir diese Dispositionen verstanden haben, können wir mit der Natur und Entwicklung des Generalangriffs fortfahren, der auf die bereits beschriebene Eröffnungskanonade um halb sieben folgte.

Die erste Bewegung der Verbündeten war ein Vormarsch der Linken unter dem Prinzen von Oranien und der Rechten unter Lottum . Der erste wurde außerhalb der Reichweite gestoppt; der zweite drehte sich, nachdem er bis zur Ostflanke des Waldes von Sars gelangt war, herum, um auf die Hecke zu blicken, die diesen Wald säumte, und bildete drei Reihen. Es war neun Uhr, als durch eine allgemeine Entladung der großen Batterie in der Mitte gegenüber den französischen Schanzen in der Lücke das Signal zum Angriff gegeben wurde. Gleichzeitig mit diesem Signal griff Schulemberg den Wald von Sars von seiner Seite, der Nordseite, an, und er und Lottum drangen jeweils auf der ihm zugewandten Seite des hervorstehenden Winkels vor. Schulembergs große Streitmacht gelangte bis an den Waldrand, aber nicht weiter. Der Widerstand war wütend; Die Dicke der Bäume half dabei. Eugene war auf dieser Seite anwesend; inzwischen führte Marlborough selbst die Truppen von Lottum an . Er rückte mit ihnen gegen ein heißes Feuer vor, passierte den sumpfigen Bach, der hier den Wald flankiert, und erreichte die Verschanzungen, die knapp innerhalb der äußeren Grenze desselben errichtet worden waren.

Dieser Angriff scheiterte. Villars war persönlich bei den französischen Truppen anwesend und leitete die Abwehr. Fast zur gleichen Zeit wurde der Vormarsch von Schulemberg auf der anderen Seite des Waldes, den Eugene überwachte, aufgehalten. Seine Reserven wurden abgerufen. Die Intervalle der ersten Zeile wurden ab der zweiten aufgefüllt. Eine französische Brigade, die den Wald säumte, wurde zurückgeschlagen, aber das Picardie-Regiment und die Marines konnten sich gegen eine gemischte Streitmacht aus Dänen, Sachsen und Hessen behaupten, die sich ihnen entgegenstellte. Daher war Schulemberg bei diesem zweiten Angriff erneut gescheitert, aber Marlborough, der Lottums Männer auf der anderen Seite des Waldes zu einem zweiten Angriff führte , hatte etwas größeren Erfolg. Zu diesem Zeitpunkt war ihm eine britische Brigade unter dem Herzog von Argyle aus der zweiten Linie beigetreten, und mit dieser Verstärkung seiner Männer gelang es ihm soweit, den Rand der französischen Verschanzungen im Wald zu umgehen.

Die Franzosen wurden von dieser östlichen Seite ihres vorspringenden Winkels direkt zwischen den Bäumen bedrängt. Schulembergs Kommando spürte den Vorteil des von der Gegenseite ausgeübten Drucks. Die Franzosen wurden davor schwächer, und gegen elf Uhr war ein großer Teil des Waldes von Sars bereits mit den Verbündeten gefüllt, die die Franzosen in Einzelkämpfen von Baum zu Baum zurückschlugen. Gegen Mittag endete die Schlacht auf dieser Seite, wie die Kartenskizze auf der gegenüberliegenden Seite zeigt, und war so gut wie gewonnen, denn es schien nur einer Fortsetzung dieser siegreichen Anstrengung zu bedürfen, um endlich den ganzen Wald zu roden und den Wald umzudrehen Französische Linie.

Dies ist zweifellos die Form, die die Schlacht angenommen hätte – ein vollständiger Sieg für die alliierten Streitkräfte, indem ihre Rechte die französische Linke abwandte – und die Zerstörung der französischen Armee wäre gefolgt, wenn die alliierten Linken nicht in große Schwierigkeiten geraten wären am anderen Ende des Schlachtfeldes.

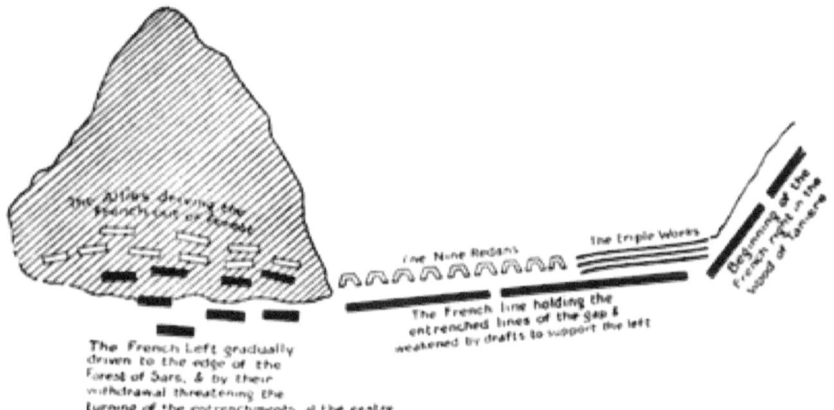

Skizzenkarte, die die Gefahr zeigt, der das französische Zentrum gegen Mittag ausgesetzt war, als es nach links gedreht wurde.

Wie wir uns erinnern, bestand der Plan der alliierten Generäle darin, dass die Linke ihrer Armee unter dem Prinzen von Oranien den Wald von Lanière angreifen sollte , etwa eine halbe Stunde nachdem die Rechte damit begonnen hatte, in den gegnerischen Wald von Sars einzudringen . Als diese halbe Stunde verstrichen war, das heißt gegen halb zehn, rückte der Prinz von Oranien gegen die französische Rechte vor, ohne zwar besondere Befehle zu erhalten, aber rechtmäßig auf seine allgemeinen Befehle zu reagieren. Tullibardine überstand mit seiner schottischen Brigade die schlimmsten Kämpfe auf der äußersten Linken gegen die äußerste französische Rechte und war der Erste, der sich zwischen den Bäumen engagierte. Die große Masse der Truppe rückte die Öffnung zwischen dem Wald von Tiry und dem Hauptwald hinauf, mit dem Ziel, die Schanzen zu tragen, die von der Ecke des Waldes vor Malplaquet ausgingen und diesen Rand der offenen Lücke bedeckten . Die neun vordersten Bataillone wurden vom Prinzen von Oranien persönlich geführt; Sein Mut und seine Hartnäckigkeit bilden vielleicht den schönsten Teil unserer Geschichte, obwohl sie für den Ausgang des Kampfes tödlich waren. Als sie sich den französischen Erdwerken näherten, stürmte eine französische Batterie direkt an ihrer Flanke am Rande des Waldes auf sie los, überfiel ganze Reihen und führte in kürzester Zeit schreckliche Hinrichtungen durch. Dem jungen Anführer gelang es, das Erdwerk zu erreichen. Die Brustwehr wurde erzwungen, aber Boufflers brachte Männer von links, das heißt aus der Mitte der Lücke, heran, trieb die Holländer zurück und stoppte diesen entschlossenen Angriff auf dem Höhepunkt seines Erfolgs. Wäre nicht der Wald von Tiry dort gewesen, um den Hauptteil des Kommandos des Prinzen von Oranien von seinem Rechten abzutrennen, hätten ihn möglicherweise Verstärkungen erreicht und die Katastrophe gerettet. So wie es war, hatte der Wald von Tiry den Vormarsch in zwei Ströme geteilt, und keiner konnte dem anderen helfen. Die niederländischen Truppen und die Highlander versammelten sich; Der Prinz von Oranien stürmte erneut mit einer persönlichen Tapferkeit vor, die ihn vor dem ganzen Feld sichtbar machte und ihn in der Geschichte berühmt machen sollte, aber die Aufgabe war mehr, als Menschen bewältigen konnten. Die beste Brigade, die den Franzosen zur Verfügung stand, die von Navarra, wurde herangezogen, um diesem zweiten Angriff zu begegnen, schlug ihn nieder und die Franzosen sprangen von den Erdwällen, um die Flucht ihrer Angreifer zu verfolgen. Viele der Farben Oraniens wurden bei dieser Niederlage eingenommen und die Geschütze seiner vorgeschobenen Batterie fielen in französische Hände. Jenseits des Waldes von Tiry hatte die äußerste Rechte des niederländischen Angriffs kein besseres Schicksal erlitten. Es hatte die zentrale Verschanzung der Franzosen getragen, wurde jedoch zurückgeschlagen, als sich die Haupttruppe zwischen dem Wald von Tiry und dem Wald von Lanière öffnete.

In diesem Moment also, nach elf Uhr, was mit dem Erfolg von Lottum und Schulemberg im Wald von Sars zusammenfiel, war auf der rechten Seite die verbündete Linke hoffnungslos aus den Schanzen in der Lücke zurückgeschlagen worden, und zwar aus dem Rand des Waldes von Lanière
.

Lottums siegreiche Truppen abberufen und bettelte darum, für die zerschlagenen Regimenter von Oranien zu tun, was er konnte. Er galoppierte zurück über das Schlachtfeld, etwa eine Meile offenes Feld, und war entsetzt, als er die Verwüstung sah. Von der großen Streitmacht, die anderthalb Stunden zuvor gegen Boufflers und die französische Rechte vorgerückt war, wurde ein Drittel getroffen, und 2000 oder mehr lagen tot auf den Stoppeln und der rauen Heide dieses Hochlandes. Die verstreuten Leichen, die über eine halbe Meile Flugstrecke von den französischen Verschanzungen entfernt und fast wieder an ihre ursprüngliche Position zurückgekehrt waren, zeigten weitgehend die Schwere des Schlags. Es war unmöglich, einen weiteren Angriff auf die französische Rechte mit Aussicht auf Erfolg zu versuchen.

Marlborough, der darauf vertraute, dass der Wald von Sars bald endgültig abgeholzt werden würde, beschloss, seinen Plan zu ändern. Er befahl den Vormarsch der fünfzehn Bataillone von Lord Orkney auf die Mitte der Position, verstärkte diesen Vormarsch durch Truppenentrupps aus der zerschlagenen niederländischen Linken und bereitete sich mit einiger Überlegung darauf vor, die Linie der Erdwerke anzugreifen, die über das offene Gelände verlief, und die neun Redans, die dort lagen Wir haben gesehen, dass sie von den französischen Verbündeten und Söldnern aus Bayern und Köln festgehalten wurden und auf seinen Moment warten. Dieser Moment kam gegen ein Uhr; Zu diesem Zeitpunkt der Aktion standen die gegnerischen Kräfte ungefähr so, wie sie auf der Karte auf der nächsten Seite skizziert sind.

Der immer stärker werdende Druck auf die Franzosen im Wald von Sars hatte bereits dazu geführt, dass Villars, der dort persönlich befehligte, Boufflers um Hilfe anflehte; Aber die Forderung kam, als Boufflers am härtesten gegen den letzten niederländischen Angriff kämpfte und keine Hilfe geschickt werden konnte.

Etwas widerstrebend hatte Villars sein Zentrum geschwächt , indem er die beiden irischen Regimenter daraus zurückzog, und kämpfte weiterhin Schritt für Schritt um den Wald von Sars. Doch Fuß für Fuß und Baum für Baum wurden seine Männer in einer Reihe einzelner Gefechte zurückgedrängt und ein größerer Teil des Waldlandes wurde von den Truppen von Schulemberg und Lottum gehalten . Eugene wurde verwundet, weigerte sich jedoch, das Feld zu verlassen. Der Verlust war auf beiden Seiten entsetzlich gewesen, für die Angreifer jedoch (wie zu erwarten) besonders schwerwiegend, als kurz vor ein Uhr die letzten französischen Soldaten aus dem Wald vertrieben wurden.

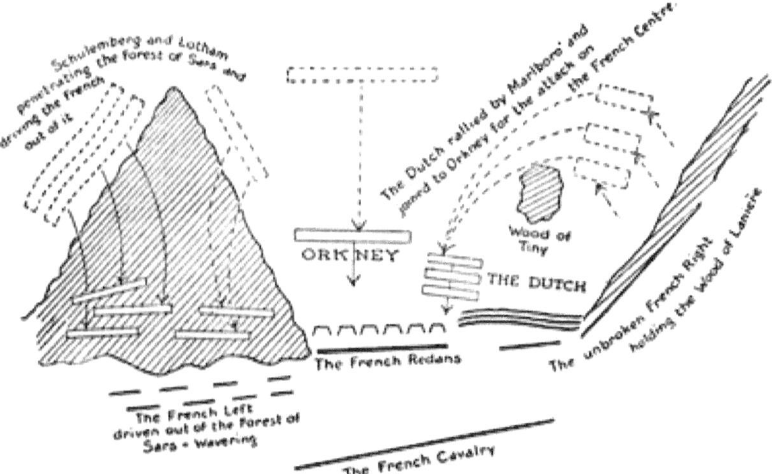

Zentrum für den letzten und erfolgreichen Angriff auf die Verschanzungen bringt .

Die gesamte Hauptverteidigung , die der Wald von Sars auf der linken Flanke der Franzosen bildete, ging verloren, aber der Kampf war für die Angreifer im Durcheinander des Unterholzes so anstrengend gewesen, und die Schwierigkeit, sie in den Bäumen zu formieren, war so groß, dass die Sobald sich die französischen Streitkräfte außerhalb des Waldes befanden, konnten sie sich nach Belieben versammeln und in einer Reihe aufstellen, um jede weitere Bewegung seitens ihrer Gegner abzufangen. Während die französische Linke hinter dem Wald von Sars in einer Reihe aufgestellt war und ihre Redans in der Mitte durch den Rückzug der irischen Brigade geschwächt waren, befahl Marlborough den letzten zentralen Angriff gegen diese Redans. Die Ehre , sie zu tragen, fiel Lord Orkney und seinen britischen Bataillonen zu. Seine Männer überschwemmten beim ersten Ansturm die Erdwälle, zerschmetterten die erschöpfte Infanterie hinter ihnen (denn diese waren nach dem Abzug der Iren nicht mehr als die Männer Bayerns und Kölns) und hielten die Brustwehr.

Da die französischen Erdwerke so von der Infanterie im Zentrum getragen wurden , könnte der moderne Leser durchaus annehmen, dass eine vollständige Niederlage der französischen Streitkräfte hätte folgen müssen. Aber er ging davon aus, ohne die vorherrschende Rolle zu berücksichtigen , die die Kavallerie in den Kriegen von Marlborough spielte.

Den siegreichen englischen Bataillonen der Orkney-Inseln, die nun im Besitz der Redans waren, standen die kilometerlangen, ununterbrochenen Schwadronen der französischen Reiterei gegenüber.

Die alliierte Kavallerie, die Lücken in ihrer Infanterielinie durchquerte, begann zum Angriff aufzumarschieren, doch noch während sie sich aufstellte , wurden sie von den französischen Berittenen angegriffen, zurückgedrängt und in Verwirrung gestürzt. Der kurze Rest der Schlacht ist nicht mehr als ein Säbelgefecht , aber die Natur dieses Gefechts muss klar erfasst und der Charakter des Widerstands der französischen Kavallerie verstanden werden, denn er war es, der den Ausgang des Kampfes bestimmte und ihn rettete Armee Ludwigs XIV.

Eine detaillierte Darstellung der Vorwürfe und Gegenvorwürfe des gegnerischen Pferdes wäre für den Leser verwirrend und kann in der Tat nicht wiedergegeben werden, da es keine zeitgenössischen Aufzeichnungen darüber gibt, die in irgendeiner Form klar dargelegt werden könnten.

Ein grober Überblick darüber, was passiert ist, ist folgender:

Der erste Gegenangriff der Franzosen war erfolgreich, und die alliierte Kavallerie, die beim Aufmarsch ertappt wurde, wurde, wie ich bereits sagte, verwirrt auf die britische Infanterie zurückgeworfen, die die eroberten Erdwälle säumte.

Die große zentrale Batterie von vierzig Kanonen, die Marlborough den ganzen Tag in der Mitte der Lücke gehalten hatte, teilte sich nach rechts und links und feuerte, sobald sie von ihren eigenen Truppen befreit war, von beiden Seiten auf das französische Pferd. Durch dieses Feuer erschüttert, verwirrt und fast zerbrochen, wurden die französischen Reiter von einer neuen Truppe der alliierten Reiterei angegriffen, die von Marlborough persönlich angeführt wurde und sich aus britischen und preußischen

Einheiten zusammensetzte. Doch gerade als Marlboroughs Angriff erfolgreich war, stürmten die alten Boufflers , die die französische Hauskavallerie vor dem Dorf Malplaquet hervorholten , direkt in die Flanke der berittenen Truppen von Marlborough, schlugen deren erste und zweite Linie zurück und zerstörten deren Befehl dritte.

Daraufhin stürmte Eugene mit einer weiteren Truppe frischer Reiterei (aus kaiserlichen Diensten) seinerseits an die Macht, und die Schlacht von Malplaquet endete in einem wütenden Durcheinander berittener Männer, die sich nach und nach in zwei unbesiegte Linien aufteilten, von denen sich jede aus der Schlacht zurückzog Wettbewerb.

Man wird sich fragen, warum ein so merkwürdig wirkungsloser Abschluss zugelassen wurde, um die Kämpfe auf einem so berühmten Feld zu beenden.

Die Antwort auf diese Frage ist, dass die Bemühungen auf beiden Seiten die Grenzen überschritten haben, jenseits derer Menschen körperlich nicht mehr in der Lage sind, weiterzumachen. Jeder Versuch der Franzosen, nach zwei Uhr mit voller Kraft vorzurücken, hätte zu ihrer sicheren Katastrophe geführt, denn die Alliierten waren nun im Besitz ihrer langen Erdwälle. [14]

Andererseits konnten die Alliierten nicht vorrücken, weil die Anzahl der Männer, auf die sie noch zählen konnten, zu gering war. Ungefähr ein Drittel ihres riesigen Heeres war in dieser mörderischsten aller Schlachten gefallen; von einem Achtel bis zu einem Sechstel waren tot. Von den übrigen litt der große Teil zu dieser Stunde unter einer Erschöpfung, die jede wirksame Anstrengung unmöglich machte.

Das Pferd auf beiden Seiten hätte zwar den Angriff und den Gegenangriff ohne Zweck und ohne endgültige Wirkung fortsetzen können, aber das Vorgehen der Kavallerie bei den wiederholten und fehlgeschlagenen Schocks, von denen gerade eine Liste aufgeführt wurde, konnte keinen der beiden Kommandeure dazu verleiten Ich hoffe auf ein Endergebnis. Boufflers befahl den Rückzug, abgeschirmt durch seine noch ununterbrochenen Reiterlinien. Die Infanterie wurde aus dem Wald von Lanière , den sie noch hielt, und aus ihren Stellungen hinter dem Wald von Sars abgezogen. Sie wurden in zwei Kolonnen auf Bavai in ihrem Rücken gerichtet, und als dieser geordnete und gemächliche Rückzug vollzogen war, rückte die Kavallerie vor, um der Linie zu folgen, und das französische Heer, das das Feld im Besitz der Sieger überließ, marschierte zurück nach Westen Die beiden römischen Straßen bildeten eine so regelmäßige Formation, als wären sie zum Kampf vorgerückt, statt sich von einer verlassenen Position zurückzuziehen.

Es war noch nicht ganz drei Uhr nachmittags.

Es gab keine Verfolgung und es konnte auch keine geben. Die alliierte Armee schlief auf dem gewonnenen Boden; ruhte sich aus, evakuierte seine Verwundeten und stellte seine zerbrochenen Reihen den ganzen morgigen Donnerstag hindurch wieder her. Erst am Freitag war es ihr möglich, von dem Feld, auf dem sie mit einem so schrecklichen Aufwand an Zahl, Waffen und Farben und einem so null strategischen Ergebnis gesiegt hatte, wieder zurückzumarschieren und die Schlacht erneut aufzunehmen Belagerung von Mons. Am 9. Oktober kapitulierte Mons und lieferte die einzige Frucht dieses mühsamsten aller großen Feldzüge Marlboroughs.

Keine Schlacht wurde mit mehr Tapferkeit und Hartnäckigkeit ausgetragen als die Schlacht von Malplaquet . Die Natur der Waldkämpfe trug zu den enormen Verlusten auf beiden Seiten bei. Die Verzögerung, während der die Franzosen sich so gründlich verschanzen durften, belastete natürlich den Großteil des Verlustes auf den Angreifern. In keiner Schlacht frei, so wie Malplaquet frei war, von jeglicher Verfolgung oder einer Flucht oder auch nur der Zerschlagung einer beträchtlichen Truppeneinheit (mit Ausnahme der niederländischen Truppen und Highlander auf der linken Seite im früheren Teil der Schlacht sowie der Bayern und War der Anteil der Getöteten und Verwundeten auch nur annähernd so hoch? In keinem Fall gab es vielleicht so schwere Verluste, begleitet von einem so geringen Anteil an Gefangenen

Die Aktion wird im Laufe der Geschichte ein bleibendes Beispiel für die Exzellenz bleiben, zu der die hochqualifizierten Berufsarmeen des 18. Jahrhunderts mit ihrer brutalen Disziplin, ihrem aristokratischen Kommando, ihren engen Formationen und ihrem außerordentlichen Vertrauen auf menschlichen Wagemut gelangen konnten.

FINIS

Fußnoten

[1] Von diesem kleinen Ort haben die Linien als Ganzes in der Geschichte den Namen „Linien von La Bassée " erhalten.

[2] Wie es in der Geschichte militärischer Angelegenheiten üblich ist, präsentieren die Befürworter beider Parteien diese verwirrten Bewegungen vor den Linien von La Bassée am Vorabend der Belagerung von Tournai in sehr unterschiedlichem und tatsächlich widersprüchlichem Licht.

Das klassische Werk von Herrn Fortescue, dem ich hier wie auch anderswo meine Ehrerbietung erweisen muss, wird von Beginn an von einer bewussten Gestaltung der gesamten Bewegung geprägt sein; Es war keine Schlacht geplant, die Belagerung von Tournai war das einzige wirkliche Ziel der Alliierten.

Die französischen Apologeten sprechen von Streitigkeiten zwischen Eugene und Marlborough, halten einen Angriffsplan gegen Villars für selbstverständlich und stellen die Abkehr der Armee zur Belagerung von Tournai als einen nachträglichen Einfall dar. Die Wahrheit ist natürlich in beiden Versionen enthalten und liegt zwischen beiden. Eugene und Marlborough beabsichtigten tatsächlich einen zerstörerischen Angriff auf Villars und seine Linie, aber sie wurden schon früh – insbesondere durch die Erkundung von Cadogan – davon überzeugt, dass sich die Verteidigungsfähigkeiten des französischen Kommandanten als beeindruckend erwiesen hatten, und wir können davon ausgehen, dass es sich um die Entschlossenheit handelte, Tournai zu belagern und einen Angriff auf die Hauptstreitkräfte der Franzosen abzubrechen, war mindestens schon am 26. erreicht worden. Es gibt jedoch keine positiven Beweise für die Entscheidung dieser Motivfragen. Ich verlasse mich nur auf die wahrscheinliche Absicht der Männer, die sich aus ihren Handlungen ableiten lässt, und ich glaube nicht, dass die Holländer schon so früh den Befehl zum Vormarsch gehabt hätten, wenn Marlborough sich nicht entschieden hätte – spätestens in dem Moment, in dem ich … erwähnt haben – Tournai zum ersten Ziel der Kampagne zu machen.

[3] Herr Fortescue macht es in seiner Arbeit zum 23. Ich kann mir die Grundlage für einen solchen Fehler nicht vorstellen. Die gesamte Geschichte vom 24., 25., 26., 27., 28. und 29. befindet sich in den französischen Archiven, zusammen mit allen Einzelheiten der Kapitulation am 29. und 30.

[4] Wie üblich gibt es einen Widerspruch in den Aufzeichnungen. Die französischen Aufzeichnungen schreiben den Vorschlag eindeutig Marlborough zu. Marlborough schreibt es in einem Brief an seine Frau vom 5. August eindeutig Surville zu ; und es gibt keine positiven Beweise für die

eine oder andere Seite, obwohl Louis' Ablehnung der Begriffe, der Rechenfähigkeit und des Charakters der beiden Männer es sicherlich wahrscheinlicher machen, dass Marlborough und nicht Surville der Urheber des Vorschlags war .

[5] Der Streit darüber, wer der Urheber des Waffenstillstandsvorschlags war, wird durch diese Weigerung der Alliierten zusätzlich erhellt. Der Vorschlag, Tournai einzudämmen und dennoch seine gewaltigen Truppen anderswo freizulassen, war, wenn auch ein wenig grob, sicherlich zu ihrem Vorteil und ebenso sicher zum Nachteil der Franzosen.

[6] Dieser ausgezeichnete Satz stammt von Herrn Fortescue.

[7] Technisch gesehen war die Verteidigungslinie erzwungen , denn die Linie von Trouille war nur eine Fortsetzung der Linien von La Bassée – Douai – Valenciennes. Was die strategischen Ergebnisse angeht, kam der Rückzug von Villars hinter die Waldbarriere dem Wiederaufbau neuer Linien gleich, und in der Tat bewies die Aktion von Malplaquet, dass diese neue Verteidigungsposition stark genug war, um die Invasion Frankreichs zu verhindern. Andererseits besteht kaum ein Zweifel daran, dass Villars, wenn er etwas stärker gewesen wäre, sich dafür entschieden hätte, auf den alten Linien und nicht hinter den Wäldern zu kämpfen.

die Verteidigungsposition der Franzosen wahrscheinlich bereits erzwungen und ihre gesamte Linie durchbrochen worden wäre, wenn die Operationen nicht durch die Existenz der Posten auf den Linien, insbesondere in St. Ghislain, in die Länge gezogen worden wären 4. September.

[8] Es ist bemerkenswert, dass diese beiden Straßen, die das Hauptmerkmal sowohl der Landschaft als auch der örtlichen militärischen Topographie darstellen und natürlich so gerade wie gespannte Schnüre sind, auf der Karte von Herrn Fortescue (Bd . I. S. 424) als verwinkelte Gassen, genauer gesagt, sind überhaupt nicht dargestellt. Dabei wurde der gelehrte Historiker der britischen Armee vielleicht durch Coxes Atlas zu Marlboroughs Feldzug in die Irre geführt, eine malerische, aber äußerst ungenaue Zusammenstellung. Der Student, der diese Aktion im Detail studieren möchte, wird gut daran tun, die belgische Ordonnanzkarte im Maßstab $1/40.000$ Höhenlinien auf 5 Metern , Abschnitt Roisin, und die französische Generalstabskarte, $1/80.000$, Abschnitt Maubeuge , Süden zu konsultieren. westliches Viertel; Da die Aktion genau an der Grenze zwischen Belgien und Frankreich ausgetragen wird, sind beide Karten erforderlich. Für die allgemeine strategische Lage genügen die französischen $1/200.000$ in Farben , Blatt Maubeuge , und das Nebenblatt Lille.

[9] Der Leser, der diesen Bericht von Malplaquet mit anderen vergleicht, wird umso weniger verwirrt sein, wenn er sich daran erinnert, dass der Wald von

Sars auf dem äußersten Ende, das der Lücke am nächsten liegt, der Wald von Blaregnies genannt wird , und dass dieser Name oft erweitert wird, insbesondere in englischen Berichten: zum ganzen Wald.

[10] Diese 9000 fanden in St. Ghislain einen verspäteten Posten von 200 Franzosen vor, die sich ergaben. Jemand hatte sie vergessen.

[11] Zur Diskussion hierzu siehe später S. 75 .

[12] Sie wurden von Hamilton und Tullibardine kommandiert . Es ist anzumerken, dass das Kommando über die gesamte linke Streitmacht des Prinzen von Oranien, obwohl diese nicht zur Hälfte schottisch war, unter dem Kommando von Hamilton und Douglas stand. Die beiden Regimenter Tullibardine und Hepburn standen unter dem persönlichen Kommando des Marquis von Tullibardine , dem Erben von Atholl .

[13] Nominell unter Tilly, praktisch jedoch unter dem jungen königlichen Kommandanten.

[14] Villars war verwundet und vor Schmerzen ohnmächtig geworden und vor ein oder zwei Stunden vom Feld genommen worden, und das gesamte Kommando lag nun in den Händen von Boufflers .